MÈRE INTERDITE

DU MÊME AUTEUR :

Lettres de prison, Éditions Michel Lafon, 2006

Nathalie GETTLIFFE

MÈRE INTERDITE

Avec la collaboration de Jacques Lesinge

Michel LAFON

Pour préserver leur droit à l'anonymat, certains noms ont été changés.

7-13, boulevard Paul-Émile-Victor – Île de la Jatte
92521 Neuilly-sur-Seine Cedex
www.michel-lafon.com

À Harriet Nahanee,
grand-mère amérindienne de 71 ans,
condamnée pour avoir demandé le respect du traité
accordant de façon imprescriptible des terres
aux membres de sa tribu.
Elle est entrée à la prison de Surrey,
où j'ai moi-même tant souffert,
et y est morte au bout de neuf jours...

– AVANT-PROPOS DE L'ÉDITEUR –

Pourquoi un second livre ?

En septembre 2006, nous avons publié les *Lettres de prison* de Nathalie Gettliffe. Ces lettres étaient un cri de détresse, un appel au secours. C'est pourquoi nous les avons éditées.

Il s'agissait d'un document, du recueil de la correspondance adressée par Nathalie à ses proches, alors qu'elle était incarcérée au Canada. Dans ces témoignages spontanés qui, à l'origine, n'étaient pas destinés à la publication, Nathalie Gettliffe faisait part de son incompréhension devant l'acharnement de ses juges, et décrivait au jour le jour ses épouvantables conditions de détention dans les prisons de Surrey, puis de Maple Ridge, où elle a accouché.

Comment cette jeune mère de famille, professeur à l'université de Lyon-II, a-t-elle pu se retrouver dans une telle situation ? Cela méritait des explications que, depuis sa cellule, Nathalie n'était pas en mesure de nous donner.

Maintenant, Nathalie Gettliffe, transférée en France et bénéficiant d'une liberté conditionnelle, a retrouvé en Ardèche son nouveau compagnon et les deux enfants qu'elle a eus avec lui.

Mais Maximilien et Joséphine, le fils et la fille nés de son mariage au Canada, elle n'a plus le droit de les voir...

Alors, dans cet ouvrage, elle reprend toute l'histoire de zéro. La mainmise d'une secte sur son couple au départ harmonieux, son désir de soustraire ses enfants à cette influence, l'engrenage qui l'a conduite en prison, les horreurs qu'elle a vécues, enceinte, entre ces quatre murs, et l'iniquité d'une sentence qui fait d'elle une « mère interdite ».

Ce récit, et la démarche de cette femme déterminée à reconquérir ses droits maternels, nous ont paru mériter d'être portés à la connaissance du public.

Michel LAFON

– 1 –

VOYAGE AU BOUT DE LA NUIT

Les autorités judiciaires de la Colombie-Britannique, une province du Canada, ont accepté, le 1er décembre 2006, que je purge la fin de ma peine de seize mois de détention en France. Une surveillante de la prison de Maple Ridge, où je suis incarcérée, vient de m'informer de mon transfert, sans plus de commentaire. Elle m'a seulement précisé que, lorsque le moment sera venu, je disposerai d'une demi-heure pour boucler mon paquetage et celui de Martin, mon bébé de deux mois et demi, né en captivité. Pas une minute de plus ! Tout ce qui ne sera pas emballé restera sur place. Tapie dans un coin, j'espérais et redoutais tout à la fois cet instant chargé d'émotion.

Mon « affaire » a fait grand bruit en France. Mon

compagnon et ma famille se sont démenés pour dénoncer ma situation, mobiliser l'opinion. Les télés, les radios, les journaux ont relaté mon histoire dans le détail ; des députés, des sénateurs et même le chef de l'État sont intervenus pour exiger ma libération ou, au moins, l'amélioration de mes conditions de détention, étant donné que j'étais enceinte. Mais rien n'y a fait : les autorités judiciaires canadiennes sont restées inflexibles, et le Premier ministre Harper n'a tenu aucun compte du message que lui a pourtant transmis directement Jacques Chirac, lors d'un repas à l'Élysée. Les Canadiens voulaient que je reconnaisse mes fautes afin de me juger en tant que coupable repentante. C'était une idée fixe pour me censurer et mettre un point d'orgue à « l'affaire ».

Après avoir lutté pied à pied j'ai fini par céder et, une fois condamnée, les juges ont enfin accepté de me renvoyer chez moi pour que j'y purge ma peine, dans le cadre d'accords bilatéraux entre la France et le Canada. Je ne suis pas encore libre, je ne sais pas quel sera mon sort, mais je vais revoir mes proches. Voilà plus de huit mois que j'ai quitté mon petit Jean-Philippe. Il avait alors neuf mois lorsque je l'ai laissé en Ardèche, où j'habitais, aux soins de son père Francis et de ma mère Joséphine. Il a dû bien changer... Va-t-il seulement me reconnaître ? Je le saurai dans quelques jours. Peut-être...

J'ignore si mon départ est programmé dans une heure, demain, dans une semaine ou dans un mois. Je m'attends encore à tout, mais je m'empresse de préparer mes affaires et celles de Martin. Cela ne prend pas trop de temps vu la misère du trousseau. Je n'ai conservé avec moi que le strict nécessaire. L'environnement n'encourage pas à l'élégance et dans les cellules les vols sont quotidiens. Autant les prévenir en laissant les étagères vides.

Mes affaires rassemblées, je n'ai plus qu'à patienter. J'y suis habituée. Ronger mon frein, je ne fais que ça depuis que je suis là. Attendre une lettre, attendre un appel, attendre une visite, attendre une information, attendre une bonne nouvelle. Et attendre un enfant. Oui, attendre un enfant, l'attendre ici, derrière les barreaux ! C'est ce que l'on m'a infligé. À tout instant, j'ai tremblé pour lui. J'ai craint pour sa vie en constatant qu'il ne prenait plus de poids, je me suis affolée quand, après des nuits peuplées de cauchemars, je ne le sentais plus bouger dans mon ventre. Dix fois, vingt fois, j'ai demandé du secours, un minimum d'humanité. En vain. Je n'avais que le droit de me taire, j'étais en cellule pour expier une faute et je ne devais m'en prendre qu'à moi si le bébé se trouvait en danger. J'enrageais de les voir tous me répéter que je devais assumer mes actes. Car je les assumais, mes actes, mais pas dans le sens où ils l'entendaient. Je m'honorais de mon action que leurs lois qualifiaient de délictueuses.

Oui, j'ai enfreint un jugement qui m'interdisait de sortir du territoire canadien avec Maximilien, treize ans, et Joséphine, onze ans. Mais si je l'ai fait c'est que leur père canadien, Scott Grant, était devenu membre d'une secte envahissante, puissante, l'Église internationale du Christ, dans laquelle il tentait de nous entraîner. Alors oui, devant le danger grandissant, j'ai soustrait mes petits à l'influence de leur père, du gourou et de ses disciples, et je les ai ramenés en France.

Les juges canadiens m'ont fait payer cher ma rébellion. D'abord en me jetant en prison et en m'y laissant accoucher comme une bête d'un quatrième enfant, conçu en France avec mon nouveau compagnon, juste avant mon incarcération. Ensuite en faisant récupérer Maximilien et Joséphine par les gendarmes ardéchois pour les rendre à leur géniteur et les livrer à nouveau à l'Église internationale du Christ, répertoriée comme une secte en France dans le rapport parlementaire des députés Alain Guest et Jacques Guyard, mais acceptée et reconnue comme une association sans danger au Canada.

Les magistrats s'en sont tenus à la lecture des textes, sans se soucier du quotidien des enfants, de leur vécu, de leur situation, de leur éducation, de leur avenir, de leurs souffrances, de leur désarroi.

Seule la loi compte ! Pour l'avoir contestée au nom de mon devoir de mère, les tribunaux m'ont embastillée, bâillonnée, bastonnée. Puis on m'a mis en main le plus abject des marchandages : si je voulais recouvrer la liberté et retourner vivre en France parmi les miens, je devais renoncer à voir mes deux enfants revenus au Canada. On me permettait de vivre en m'infligeant un deuil, car c'est bien d'un deuil qu'il s'agit, le plus horrible d'entre tous : celui de mes enfants. Oui, c'est ainsi que je ressens cette séparation.

Quand reverrai-je Maximilien et Joséphine ? Que vont-ils devenir ? On me les a arrachés, eux qui viennent du plus profond de mes entrailles.

Contrainte et forcée, la rage au cœur, j'ai dû plaider coupable pour espérer une libération et j'ai écopé de seize mois de prison. Je ne disposais guère d'autres choix. À quoi bon m'obstiner ? Maximilien et Joséphine, que j'avais pu mettre à l'abri en France pendant quelques années, avaient été rendus à leur père, et en Ardèche un autre enfant, Jean-Philippe, que j'avais à peine eu le temps de connaître, attendait en ouvrant de grands yeux l'arrivée du petit frère dont son père et sa grand-mère ne cessaient de lui parler. Un petit frère qui découvrait la vie à des milliers de kilomètres de là, dans cette prison glaciale que nous allons enfin quitter mais qui nous marquera à jamais, lui, je le crains, et moi, c'est certain.

*
**

Le mercredi 20 décembre 2006, à 22 heures, la prison ne résonne plus que de quelques cris isolés. Martin dort. J'essaye de chasser de mon esprit les images des Noëls heureux de mon enfance et je me prépare à passer une nouvelle nuit ici lorsque la porte de ma cellule s'ouvre. Une gardienne m'annonce :

– Départ à 3 h 30. Il faudra être prête.

Finalement on me laisse plus de temps que prévu pour mes préparatifs, mais il y a longtemps que tout est en ordre. Je m'assure que Martin va bien et lui murmure :

– Bientôt tu seras en France, on s'occupera mieux de toi là-bas, et ton papa mais aussi ton « *amachi*[1] » pourront enfin venir te voir. Dors bien, petit ange, le voyage va être long.

Puis je prends les rares articles de « luxe » dont je dispose pour Martin – une crème hydratante parfumée, une lotion d'huile, quelques effets personnels neufs, une brosse à dents, du dentifrice, quelques gourmandises distribuées par la « Mère Noël » de la prison – et je les dépose devant la porte des cellules de mes codétenues. C'est ma

1. C'est ainsi qu'on appelle les grands-mères basques.

façon de leur dire « au revoir et bonne chance ». Je partirai dans le silence et la nuit, avec pour seul cadeau mon bébé que l'on m'a permis de garder.

À l'heure dite, je suis conduite au greffe où je troque ma tenue bleue et marron de bagnarde ainsi que mes baskets fatiguées contre mes vêtements civils. Un manteau et d'autres effets personnels de marque manquent à l'appel sans que quiconque puisse m'expliquer où ils sont passés. Je dépose une plainte, dernier soubresaut de résistance. Ce n'est pas la première fois que l'institution pénitentiaire me vole.

Deux femmes, fonctionnaires de l'administration pénitentiaire canadienne, m'escortent alors qu'on procède à ma levée d'écrou. Ces fastidieuses formalités accomplies, elles me poussent dans une voiture qui file aussitôt vers l'aéroport de Vancouver. Pour la première fois depuis mon arrestation, au mois d'avril, on m'épargne menottes et entraves. Non par humanité mais pour que je puisse m'occuper de Martin et voyager incognito.

À l'origine, il était prévu qu'un membre de ma famille prendrait mon enfant en charge pendant le voyage. N'étant pas lui-même inculpé, il ne dépendait pas de la justice et ne pouvait être placé sous la responsabilité de ses agents pendant le transfert. On me l'avait signifié en me priant de prévoir le voyage d'un accompagnateur à mes frais. L'une de mes cousines, installée au Canada, avait accepté de faire l'aller-retour et se tenait prête à partir. Apparemment les autorités avaient renoncé par crainte que cette parente n'alerte les médias, sur les dents car mon arrivée en France avait été annoncée avant même mon départ.

Lorsque nous quittons la prison, il fait encore nuit noire. Les abords de Maple Ridge sont déserts. Pas un journaliste en vue. L'heure de ma sortie a été gardée secrète et les autorités se doutaient qu'à une heure aussi matinale les reporters ne se bousculeraient pas sur mon passage. Pari gagné, la voie est libre : mes gardiennes se détendent.

Pas grand monde non plus à l'aéroport où nous arrivons largement en avance. Heureusement d'ailleurs, car mes gardes perdent un temps fou au contrôle de sécurité. Gardiennes de prison ou pas, elles doivent justifier de leur mission puis déballer les menottes et les entraves en ferraille qu'elles ont emportées au cas où je ferais de la résistance. Pour une fois les tracasseries ne me concernent pas. Mais j'aimerais qu'elles finissent, tant je suis fatiguée. Je voudrais embarquer au plus vite pour m'asseoir et me reposer, sans compter que tout ce chambardement énerve Martin qui le fait savoir bruyamment. Collé à moi dans le porte-bébé, il ne cesse de s'agiter.

Quand l'avion décolle enfin, le jour n'est pas

levé. Les lumières de Vancouver s'estompent rapidement. Flanquée de mes deux cerbères, je suis installée tout à l'arrière de l'appareil. Martin étant bien calé sur ma poitrine, je peux désormais me laisser aller.

Après quelques heures de vol, nous faisons escale à Toronto, une ville située à l'est du pays. Alors que l'avion s'accole à la passerelle de débarquement, le chef de cabine prie les passagers de bien vouloir rester assis à leur place afin de me laisser descendre en priorité et, bien évidemment, par l'avant de l'appareil ! N'aurait-il pas été plus simple de m'y installer dès le départ ? Moyennant quoi, accompagnée de mon escorte, je dois traverser tout l'aéronef sous les regards inquisiteurs que je devine et n'ose affronter. Moi qui suis discrète et déteste me mettre en avant, je suis servie. Le chemin jusqu'à la porte me paraît interminable et je m'accroche à mon petit Martin bien plus qu'il ne s'agrippe à moi. Je le serre très fort contre ma poitrine, nos corps se fondent, nous fusionnons.

Pour mes gardiennes canadiennes, le voyage s'arrête là. Elles passent le relais à une escorte française spécialisée dans les transferts de nos concitoyens à travers le monde. Deux femmes de l'Administration pénitentiaire et un homme, mon garde du corps, m'attendent. Arrivés deux jours plus tôt à Toronto, ils ont agrémenté leur mission par une visite aux chutes du Niagara toutes proches.

Visiblement, ils ne s'inquiètent pas trop de mes intentions pendant le vol. C'est pour eux la routine par excellence, si ce n'est que cette fois-ci un bébé en pleurs attire tous les regards vers nous. Je devine qu'ils souhaitent que je le fasse taire.

On m'installe de nouveau à l'arrière de l'appareil. Un siège a été réservé à côté de moi pour Martin, mais je préfère garder mon petit ventousé à mon sein pour éviter ses pleurs. Les deux femmes m'encadrent sur la rangée qui compte trois fauteuils. Elles doivent se relayer pour me surveiller, c'est la consigne. L'une doit toujours être éveillée quand l'autre dort, mais quelques minutes seulement après le décollage je les vois toutes deux piquer du nez, au grand désespoir de mon gorille. Installé de l'autre côté de l'allée, il tente d'abord de rappeler mes gardiennes à la vigilance, puis renonce devant leur farouche détermination à sommeiller. Tout ce déploiement de force pour une jeune femme affaiblie et encombrée d'un enfant d'à peine trois mois me paraît affligeant.

Il est 16 heures et la nuit grignote déjà un jour sombre et gris lorsque l'avion quitte Toronto et prend de l'altitude. Au sol, pas la moindre trace de neige. Un décor tout à fait anormal ici, en cette saison. Ma dernière vision du grand silence blanc sera noire, toute noire. Noire comme les années que j'ai passées ici, noire comme les ressentiments qui hantent mes nuits. Adieu le Canada, je n'y reviendrai plus et j'espère qu'un jour, à leur majorité ou bien avant, Maximilien et Joséphine, eux aussi, tireront un trait sur cette contrée. Si toutefois leur père et ses disciples de la secte ne les ont pas détruits mentalement d'ici là.

Un faible rayon de lumière vient pourtant éclaircir ce sombre tableau : bientôt je serai en France. Je me rapproche de ceux que j'aime : Jean-Philippe, mon bout d'chou ; Francis, mon compagnon, le père de mes deux derniers enfants ; Joséphine, ma mère ; mes sœurs Laetitia et Claire, mes amis et tous ceux qui m'ont soutenue durant cette épreuve. Ils m'ont tellement manqué... Si je reste incarcérée en France, au moins pourront-ils venir me voir. Mes avocats m'ont dit que j'ai de fortes chances de bénéficier d'une libération conditionnelle sitôt arrivée à Paris, mais je n'ose plus y croire. Mes demandes de mise en liberté ont été rejetées les unes après les autres au Canada. À chaque fois c'était un espoir fou qui s'effondrait, une chute vertigineuse au fond du gouffre. Je ne veux plus rêver, je ne veux plus espérer, j'ai trop encaissé de coups, trop connu de déceptions.

Alors que mes anges gardiens justifient leur salaire à poings fermés, j'ai besoin de me rendre aux toilettes. Mais on m'a prévenue : pas question de m'y rendre seule. Une gardienne doit d'abord inspecter les lieux afin de s'assurer qu'aucun complice n'y a déposé une arme, un message ou que sais-je encore à mon intention. Cette fouille effectuée, je suis autorisée à entrer, avec interdiction de fermer le verrou. Sinon l'homme de main le fera sauter, c'est son job, et je serai contrainte de laisser la porte ouverte. Alors va pour le loquet bloqué sur « vacant », ma gardienne veille sur mon intimité.

Durant les onze heures de vol, de Vancouver à Toronto d'abord, puis de Toronto à Paris, je serai ainsi précédée ou suivie dans tous mes déplacements, ce qui m'incitera à les limiter au maximum, au grand soulagement de ma garde rapprochée.

Notre avion se pose à Roissy vers 6 heures. Il fait encore et toujours désespérément noir. J'ai l'impression que je ne sortirai jamais de cette nuit sans fin qui m'enveloppe depuis Vancouver. J'éprouve la désagréable sensation de voyager à travers les ténèbres, moi qui n'aspire pourtant qu'à la lumière. Après la prison, ce sentiment d'enfermement psychique m'oppresse.

Je ressens une très forte émotion en retrouvant la France, ma terre natale, celle qui aurait dû accueillir Martin. Une bouffée nostalgique me submerge alors que l'on m'invite à me diriger vers la porte arrière de l'appareil. Un courant d'air froid me glace, un panneau pivote, et un trou béant s'ouvre devant moi. Avec mon bébé dans les bras, je dois emprunter un escalier que je distingue à peine. J'ai la certitude que je vais me casser la figure, mais personne ne devine mon angoisse et l'on m'invite poliment à me lancer « en faisant attention ». La recommandation est superflue ! Je m'accroche à la rampe et descends les marches à pas comptés. Puis on me conduit d'une main ferme jusqu'à une voiture de police qui stationne sur le tarmac, gyrophare en action. Je m'installe à l'arrière et découvre, comble du luxe, un siège bébé pour Martin. Je n'étais plus habituée à ce genre d'attention ! Nous filons ensuite vers un bâtiment de l'aérogare en zigzaguant à travers les pistes.

Peu après, je suis introduite dans les locaux de la Police de l'air et des frontières, la PAF. La procureur chargée de me réceptionner et de statuer sur mon cas m'attend dans un bureau. Craignant les journalistes, elle a préféré me recevoir ici plutôt qu'au tribunal de Bobigny où elle officie, et dont Roissy dépend. Décidément, au Canada comme en France, j'intéresse les médias ! La magistrate me fait remarquer que son mari s'est levé à 4 heures et demie du matin pour la conduire jusqu'à l'aéroport. Je compatis et, du coup, me garde bien de lui confier que je me sens moi-même un peu lasse.

Après un bref préambule et un tour d'horizon de ma situation, la procureur me signifie mon incarcération à la prison de Fleury-Mérogis, m'informant que le juge d'application des peines statuera plus tard sur l'éventuelle libération conditionnelle que mon avocat a déjà demandée. J'espérais que l'audience aurait lieu le jour même. Espoir vain, puisque j'ai droit au retour en cellule. Je me félicite de m'être préparée à quelques désillusions et comprends que la route est encore longue et semée d'embûches jusqu'à l'Ardèche.

Là-dessus de courtois policiers me mènent sans menottes jusqu'à la voiture où les femmes d'escorte nous rejoignent et se glissent comme moi et Martin sur la banquette arrière. Deux solides gaillards prennent place à l'avant. Et deux autres voitures de police manœuvrent près de notre véhicule. Je n'imagine pas une seconde qu'elles font partie d'un dispositif me concernant. Eh bien si !

Lorsque le convoi se met en branle, je n'en crois ni mes yeux ni mes oreilles : une voiture devant, une voiture derrière, toutes sirènes hurlantes, nous quittons l'aéroport en trombe pour nous lancer sur l'autoroute à tombeau ouvert, en pleine heure de pointe. Les voies de circulation conduisant à Paris sont saturées et, brusquement, je vois des policiers du véhicule de tête jaillir des fenêtres : gesticulant, gantés de noir, poings serrés, ils hurlent après les automobilistes pour qu'ils se rangent illico presto, et cognent sur les carrosseries s'ils n'obtempèrent pas assez vite. J'hallucine ! Je suis projetée au cœur d'un polar. Mais qu'est-ce que je fais là ? J'ai envie de crier, de remettre les pendules à l'heure, de rappeler que je ne suis pas Calamity Jane mais une jeune professeur d'université, mère de quatre enfants, seulement coupable d'avoir voulu protéger deux d'entre eux. Mais les mots ne sortant pas – d'ailleurs qui m'entendrait ? – j'observe, fascinée par ce rodéo dantesque à travers la banlieue parisienne. Secoué en tous sens, Martin crie. Ses hurlements stridents se mêlent à ceux des sirènes sans parvenir pourtant à les couvrir. De temps en temps, je jette un coup d'œil vers mes quatre gardes. Impassibles, détachés, ils ont l'air d'être ailleurs. Un tel gymkhana leur est sans doute coutumier. Moi je ne connaissais pas, et je m'en serais bien passée. Cela dit, il faut reconnaître que, malgré une circulation extrêmement dense, nous atteignons la prison de Fleury-Mérogis en un temps record.

Les portes de la maison d'arrêt s'ouvrent devant nous comme par enchantement ; je suppose que les gardiens ont été prévenus de notre arrivée par radio ou par téléphone. Sitôt le portail franchi, le calme revient et le brusque silence devient assourdissant après tant de vacarme. Anéantie par la fatigue du voyage et du transfert, je reste écrasée sur mon siège alors qu'il me faut déjà bouger.

Les policiers de mon escorte me saluent sans hostilité, ce qui me change et me réconforte, puis je suis prise en charge par une gardienne qui me conduit au greffe. Je ne peux échapper à une nouvelle fouille à corps dégradante mais, au moins, j'ai l'impression que pendant ce temps des mains amies prennent soin de Martin. C'est déjà ça, et cette impression apaisante se confirmera dans les heures qui suivront. Si je reste incarcérée, l'environnement a changé, ici mes gardiennes sont aimables, prévenantes. Administrativement je reste une coupable, mais à leurs yeux, quelque part, je n'en demeure pas moins une victime. Elles me le font sentir par leurs paroles de réconfort, leur compréhension, et cela me fait chaud au cœur, me redonne un peu d'espoir. Toutes connaissent mon histoire, elles en ont suivi les péripéties à la radio, à la télévision, dans les journaux, et toutes, dans différentes déclinaisons, me demandent la même chose, comme pour obtenir confirmation de ce qu'elles n'arrivent pas à croire : « C'est vraiment comme ça, la prison au Canada ? On se croyait arriérées, mais finalement, on est tout de même plus humaines, non ? »

L'avenir me le dira, pensé-je. Épuisée, je m'en remets aux soins de mes nouvelles gardiennes. J'ai besoin de souffler et de remettre de l'ordre dans mes idées. Alors que la fatigue m'envahit, le film des dernières heures repasse dans ma tête. Tout cela est tellement fou, mais comment ai-je pu en arriver là ?

– 2 –

DE L'ARDÈCHE AU CANADA

De Satillieu, gros bourg de l'Ardèche où j'habitais, au Canada, le chemin paraît long et improbable. Passe encore si je m'étais installée au Québec au nom de lointains cousinages ou d'une proximité culturelle, mais non, je me suis expatriée vers l'une des provinces les plus lointaines et les plus anglo-saxonnes du pays : la Colombie-Britannique, traditionnelle, religieuse et puritaine, ouverte sur le Pacifique et fermée au reste du monde.

À première vue mon parcours paraît atypique, pourtant il s'inscrit simplement dans un contexte familial migrateur. Depuis longtemps nous entretenons d'étranges rapports avec les frontières et la notion de voyages est ancrée dans nos gènes.

Cela nous vient de mon grand-père maternel.

Paysan installé au Pays basque, côté espagnol, à quatre kilomètres de la France, il exerçait aussi la fonction de juge de paix et gagnait quelques pesetas de plus avec des activités de contrebande. Personne n'y trouvait à redire, chacun appréciait au contraire la médiation de cet homme au fait des réalités et du quotidien. On se félicitait d'une situation somme toute cohérente aux yeux de tous, et l'on respectait ce magistrat qui, comme la plupart des hommes du village, se frottait régulièrement aux carabiniers du général Franco. Car à cette époque, avant guerre, on ne plaisantait pas sous le régime franquiste, il convenait de filer doux et de marcher dans les clous.

Ces règles strictes et la pensée unique ne convenaient pas plus à mon grand-père qu'à ses neuf enfants – six garçons et trois filles – qui, ne pouvant survivre sur le territoire et prévoyant des jours sombres, ont décidé de prendre le large. Plusieurs d'entre eux ont quitté une Espagne politiquement et économiquement malade pour des cieux plus cléments à l'époque. Une de mes tantes a filé à Santa Monica, près de Los Angeles, et deux oncles ont choisi la région de Vancouver après avoir exercé des emplois de cuisinier dans toute l'Amérique du Nord. De tout temps, ces transhumances au long cours n'ont jamais effrayé les Basques, tant espagnols que français. Aujourd'hui encore, beaucoup sont implantés aux États-Unis, en Argentine ou au Canada. Voilà l'origine de mon antenne à Vancouver.

De son côté, ma mère, à dix-huit ans, a elle aussi décidé de s'expatrier, limitant toutefois l'aventure à la France. Elle s'essayait à différents petits boulots à Courchevel lorsqu'elle a rencontré un photographe un peu bohème qui cherchait également sa voie dans la station savoyarde. Le père de ce dernier était propriétaire, en Lorraine, d'une usine de verres optiques qui allait donner naissance à Essilor, mais l'industrie ne passionnait pas le fils qui préférait se consacrer à la photo, quitte à en vivre chichement. Un an plus tard, ma mère épousait ce jeune homme qui allait devenir mon père.

Épris de calme et de simplicité, le jeune couple quitta Courchevel la mondaine pour s'installer dans une vaste ferme située au-dessus de Satillieu, en Ardèche, là où nous vivons toujours. Dans un premier temps, mon père avait ouvert un studio photo où défilaient les premiers communiants et les jeunes mariés du secteur, puis il avait changé d'objectif, se lançant avec ma mère dans l'ouverture d'un bazar-droguerie proposant à peu près tout hormis des aliments.

Après ma naissance, deux petites sœurs ont agrandi la famille, Laetitia, un an plus tard, puis Claire, de quatre ans ma cadette. Nous avons vécu une enfance saine et merveilleuse avec des parents délicieux, attentifs à notre éducation et à nos moindres désirs. Nous n'avions pas la télévision, mais elle ne nous manquait nullement tant nous avions à faire entre le sport, la musique et les jeux sans fin avec les moutons ou les poneys qui peuplaient notre ferme. Nous gardons toutes d'excellents souvenirs de ces années sans nuages pendant lesquelles notre seule obligation consistait à bien travailler à l'école ou au lycée, ce qui ne nous posait aucun problème.

En 1980, une grande aventure pimenta nos jeunes vies pourtant bien remplies. Pour la première fois, avec mes parents, nous sommes allés au Canada. Mon oncle Valentin, propriétaire d'un luxueux restaurant à Surrey, dans la grande banlieue de Vancouver, le Old Surrey Restaurant, un établissement coté installé dans une vénérable bâtisse de 1918, une antiquité pour la Colombie-Britannique, nous avait invités. Pendant un mois, nous avons joué les trappeurs, passant de camping en camping, dévalant des torrents tumultueux en canoë, parcourant les bois en espérant, malgré la peur, y croiser un coyote ou, pourquoi pas, y débusquer un redoutable ours brun. Mes sœurs et moi étions trois petites filles au pays des Indiens, trois petites filles qui s'amusaient bien et ne manquaient de rien.

Nous avons regagné la France des souvenirs plein la tête, et avec une seule envie : retourner au plus vite au pays de la feuille d'érable. Quatre ans plus tard, notre souhait était exaucé. Nous rendions à l'oncle Valentin une nouvelle visite tout aussi excitante.

Le Canada demeurait notre terrain de jeu favori et je me réjouissais de m'y rendre pour la troisième fois, à l'été 1987, à l'issue de ma classe de seconde, d'autant que mon oncle avait prévu une extension à Hawaii. Cette fois je partais seule, en jeune fille de bonne famille, sans mes parents ni mes sœurs. Il était prévu que je participerais au service en salle afin de dédommager mon oncle de ses frais et de gagner un peu d'argent de poche, ce qui me convenait parfaitement. J'avais envie de découvrir le monde du travail.

Eh oui, la petite Nathalie avait grandi. Elle n'était plus tout à fait une enfant. Mon oncle en avait d'ailleurs conscience. Aussi, quelques jours avant mon arrivée, avait-il prévenu ses vingt employés, mettant les hommes en garde :

– Ma nièce va rester quelques jours parmi nous. Elle est assez jolie. Le premier qui s'en approche, je lui réserve le même sort qu'à mes moutons !

Tous savaient que les pauvres bêtes finissaient dans les casseroles.

Une seule personne avait été dispensée du discours : Scott Grant, le « *general manager* » du restaurant, un jeune homme de vingt-deux ans. Ignorant tout de moi lorsque j'ai débarqué, il m'a d'abord prise pour une nouvelle employée et m'a donc adressé la parole le plus naturellement du monde sans se douter qu'il encourait les foudres du patron. Pour ma part j'appréciais que quelqu'un me parle, même si je ne comprenais rien de ce que me racontait Scott. Son accent était tel que je ne comprenais pas un des mots patiemment appris au lycée. Malgré cela, un courant de sympathie s'établit entre nous. Quand le jeune manager apprit qui j'étais réellement, il ne me tourna pas le dos pour autant, et moi j'étais contente de le croiser.

Mon oncle m'avait attribué un poste d'aide serveuse. Mon rôle se limitait à servir le pain et à remplir les verres, mais c'était déjà trop. Timide que j'étais, et peu habituée à évoluer en public, je tremblais comme une feuille à l'idée même qu'un client puisse s'adresser à moi. Je l'ai vite confié à mon oncle en le suppliant de me trouver une autre fonction, et il m'a dirigée vers les cuisines.

Éplucher des carottes et des patates me convenait tout à fait. J'étais disposée à peler nuit et jour plutôt que d'affronter la salle à manger. Et puis, entre cuistots et gâte-sauce, j'apercevais régulièrement mon ami Scott qui venait surveiller l'intendance et le bon déroulement des opérations. À chacune de ses visites nous échangions quelques mots dans notre charabia complice, et bien vite il s'est proposé de me faire découvrir la ville. Mon oncle ne s'est pas opposé à nos sorties, lesquelles me permettaient de me détendre et de m'amuser.

Ainsi, ce qui devait arriver arriva. Nous avons flirté un peu. Rien de bien méchant, juste une amourette d'adolescente.

Nous en étions là dans nos relations lorsque mon oncle m'apprit, sans me donner d'explication, que ma mère souhaitait mon retour en France le plus rapidement possible. Le rêve d'Hawaii s'évanouissait mais maman avait sûrement de bonnes raisons pour écourter ainsi mon séjour.

Valentin et Scott m'accompagnèrent à l'aéroport et, avant d'embarquer, je fis promettre à mon ami de venir me rendre visite en Ardèche. Mes liens avec le Canada prenaient une nouvelle dimension.

*
**

Triste retour à Satillieu : mon père, mon père adoré, est hospitalisé depuis deux semaines. C'est grave. Cancer du pancréas. Ma mère reste stoïque, pourtant les médecins ne lui laissent guère d'espoir. Je n'arrive pas à admettre que lui, si jeune, si sain, soit frappé par la maladie. Tout est allé si vite. Quelques semaines plus tôt, je l'ai quitté souriant, en pleine forme, et je le retrouve sous morphine, agonisant sur un lit de l'hôpital d'Annonay. C'est trop injuste ! Mes seize ans se révoltent.

Maman souhaite me protéger, aussi n'ai-je vu mon père qu'une seule fois dans sa triste chambre grise. Il est décédé huit jours après mon retour.

C'est un coup terrible pour moi comme pour mes sœurs, Laetitia, alors âgée de quinze ans, et Claire, douze ans. Notre père était notre idole, notre repère, l'exemple à suivre, sans lui nous voilà perdues. Je ressens brusquement autour de moi un vide abyssal qui ne sera jamais comblé. Aujourd'hui encore, mon père me manque...

Dès lors, je cherche un refuge auprès de Scott. Pendant un an nous nous écrivons régulièrement puis, comme promis, il accompagne l'un de mes cousins en France. Je l'accueille avec grand plaisir et en apprends un peu plus sur sa vie.

Son père est un chiropracteur très compétent, réputé. Il gagne bien sa vie mais ne verse jamais un *cent* à sa famille. Sa femme, Faye, une Américaine du Minnesota, et ses enfants vivent dans le plus grand dénuement, souvent ils n'ont même pas de quoi acheter à manger. Le couple se déchire, la haine est telle que les garçons ont ordre de frapper leur père lors de ses rares passages au domicile conjugal.

Dans de telles conditions, le divorce est l'unique issue envisageable. Afin d'élever sa famille, Faye reprend ses études et décroche une licence en criminologie et psychologie qui lui permet d'intégrer l'administration pénitentiaire, où elle est chargée du suivi des détenus déviants : pédophiles, détraqués sexuels...

Ce contexte détestable perturbe fortement Scott

et, tout comme moi, l'absence du père le marque. Je le découvrirai plus tard incapable de s'assumer seul. Il a besoin d'une autorité pour baliser son horizon, lui fixer des limites.

En 1988, je ne m'attarde évidemment pas sur cette approche psychologique. Je ne vois Scott qu'avec les yeux de l'amour. Notre petit flirt s'enracine et se développe au point de troubler l'oncle Valentin. Lorsque son manager revient à Vancouver, il lui demande clairement quelles sont ses intentions envers moi. Après avoir bredouillé quelques fadaises, poussé dans ses retranchements Scott finit par avancer l'idée d'un mariage. Il souhaite même que je vienne habiter tout de suite à Vancouver.

Vancouver ? Oh là là ! Pas si vite ! Faisons les choses dans l'ordre : d'abord les études, puis les fiançailles, et nous envisagerons ensuite un éventuel mariage. Bien qu'âgée de dix-sept ans, et amoureuse, je garde tout de même les pieds sur terre. Élève brillante, je n'entends pas m'arrêter en chemin ni renoncer à mes acquis. Je me destine à l'archéologie et veux avoir la certitude de poursuivre mes études en ce sens au Canada. C'est le premier point. Pour le reste nous verrons, mais dans ma tête il est clair que je ne quitterai pas la France sans être dûment et officiellement mariée. Je ne suis pas opposée à l'idée d'une union, mais j'exige des garanties.

Scott respecte mon calendrier. Il revient six mois plus tard pour célébrer nos fiançailles à Satillieu en me certifiant que je pourrai poursuivre mon cursus universitaire dans une des facultés de Vancouver. Ces deux premières conditions remplies, nous fixons la date du mariage au 29 juillet 1989, en Ardèche, et programmons ensuite un voyage de noces en Espagne avant mon départ définitif pour la Colombie-Britannique.

Me marier à dix-huit ans ne m'effraie pas. Ma mère n'avait qu'un an de plus que moi lorsqu'elle avait épousé mon père pour s'installer, elle aussi, hors de son pays natal. Je ne fais que poursuivre dans la tradition familiale, et d'ailleurs aucun membre de ma famille n'y trouve à redire. À la fin de l'été je boucle mes valises : direction l'Ouest canadien. Je suis encore jeune, en pleine construction intérieure, j'idéalise Scott et le suis aveuglément puisqu'il a satisfait à toutes mes exigences.

*
**

Dans les premiers temps, tout se déroule comme prévu à Vancouver. Si ma bonne maîtrise de l'anglais me permet d'évoluer sans peine dans ce nouvel environnement, en revanche j'ai plus de mal à m'adapter à la mentalité locale. C'est étrange : je vis en anglais mais je continue à penser, à raisonner et à ressentir en français.

Totalement amoureuse de Scott, j'apprécie son humour. Je le trouve drôle, il me fait rire et je n'attache aucune importance à son caractère quelquefois un peu « rugueux ». Cela fait partie du personnage. Tandis que mon mari travaille sérieusement au Old Surrey Restaurant, je prépare trois licences, une de français, une autre d'espagnol et une troisième d'archéologie à l'université. Tout va bien.

La première alerte survient au cours de l'été 1991. Alors que je passe quelques semaines de vacances dans ma famille en Ardèche, Scott rachète le restaurant de mon oncle. C'est en tout cas ce qu'il affirme à mon retour, mais ses explications ne sont pas claires. En fait Valentin reste propriétaire des murs, il n'a vendu – fort cher – que le fonds de commerce à mon mari. Cette transaction effectuée dans mon dos me déplaît d'autant plus que la masse des crédits et des charges qu'elle engendre m'affole. Pour honorer les traites, nous allons devoir vivre dans deux minables chambres situées au-dessus de l'établissement, sans confort, dépourvues de toilettes. Tout cela ne me convient guère, mais je dois faire avec, à contrecœur.

Je m'accommode de cette situation durant dix-huit mois, jusqu'à la fin de l'année 1992, lorsqu'un élément nouveau vient ajouter à mon trouble : je découvre qu'aucun papier n'a été signé entre mon oncle et mon mari ! Ce qui veut dire que nous payons d'énormes sommes sans avoir la certitude de récupérer un jour notre mise. Ce flou inquiétant me fâche et pourrit mes relations avec mon oncle. Dans le même temps, enceinte de huit mois, je mets entre parenthèses les nouvelles études que j'envisageais.

Notre premier enfant, Maximilien, naît le 29 décembre 1993. Je lui aménage tant bien que mal un espace dans notre campement, mais notre situation matérielle devient préoccupante. Tout en pouponnant, j'aide Scott à faire tourner le restaurant jusqu'à la naissance de notre deuxième enfant, Joséphine, le 23 mai 1995. C'est alors que, fatiguée, je mets Scott en demeure de trouver un autre appartement, refusant tout net de vivre avec deux enfants en bas âge dans de telles conditions d'inconfort.

Scott vend alors le restaurant et, malgré de nombreux tracas juridiques, nous réussissons à emménager en location dans une maison décente.

Mon époux change complètement d'activités. Il s'associe avec le conseiller financier qui s'occupe de nos placements en vue de la retraite, et continue toutefois à faire du démarchage à domicile pour

Amway, une structure de type Tupperware qu'il a intégrée en 1993.

De mon côté, je me lance en 1996 dans une aventure passionnante. Avec une petite équipe de Français regroupés autour du consul de France – une femme –, nous créons de toutes pièces une école internationale française, de la maternelle au CM2. J'en suis la trésorière et la gestionnaire au quotidien, ce qui me fait faire de belles journées. Par ailleurs, je décide de reprendre mes études, car la carrière professionnelle quelque peu chaotique de mon mari m'inquiète. Je préfère assurer mes arrières. Renonçant à ma vocation première, l'archéologie, qui m'entraînerait souvent trop loin de chez moi, j'entame un mastère en didactique des langues. L'année va se révéler très éprouvante. En effet, la faculté où j'étudie se situe à vingt kilomètres de notre domicile, et l'école où je travaille à cinquante. En 1998, j'obtiens néanmoins mon diplôme. Mais, exténuée par les trajets, je ne rêve plus que de déménager à Vancouver, afin de préparer mon doctorat dans de meilleures conditions.

Scott y consent, puisqu'il n'est pas tenu d'aller régulièrement à son bureau et qu'il continue à se consacrer aux finances et au colportage. De surcroît l'éducation de ses enfants ne semble pas le concerner. Il passe bien plus de temps à tenter de recruter de nouveaux colporteurs pour Amway et rentre souvent après minuit. Bref, je me retrouve de nouveau seule. Auparavant c'étaient les horaires imposés par la restauration qui nous séparaient, maintenant ce sont les réunions d'Amway. Pour tout arranger, mon mari, attiré par la religion, s'intéresse de plus en plus au culte. De confession luthérienne à sa naissance, il s'est converti à une Église évangélique sous la pression de ses copains d'Amway. Moi qui n'ai pas imposé ma religion, ni à Scott ni à mes enfants qui ne sont pas baptisés, je ne m'étonne pas pour autant de cette conversion.

Une telle dévotion n'a rien de surprenant en Colombie-Britannique où les Églises de toutes tendances pullulent et se livrent même à un marketing effréné pour recruter des adhérents avides de spiritualité. Sur un territoire peuplé de nouveaux arrivants, ce sont souvent elles qui assurent seules la cohésion sociale.

Un jour, alors qu'il cherche une nouvelle paroisse depuis notre installation à Vancouver, Scott rencontre un couple d'anciens amis d'Amway, tout aussi mystiques que lui, chargés de recruter et d'évangéliser pour l'Église internationale du Christ. Il tombe sous le charme de leur discours et accepte de rejoindre leur groupe.

Dès le lendemain, mon mari m'invite à l'accompagner dans sa nouvelle communauté avec nos enfants. Croyante, avec modération toutefois, je n'éprouve pas la même excitation que lui. Mais après tout pourquoi pas, si cela peut lui faire plaisir et nous réunir ? Et puis j'aime chanter et Scott me certifie que ses nouveaux amis ont formé une bonne chorale. Je constate en effet, lors de ma première visite, qu'ils chantent fort joliment à quatre voix et m'en réjouis.

J'assisterai par deux fois aux réunions de l'Église internationale du Christ. La seconde, je commence déjà à m'interroger. Le comportement de certains membres me dérange et me trouble.

Je les trouve envahissants.

– 3 –

DANS LES GRIFFES DE LA SECTE

Passe encore pour la messe et la chorale. Mais lorsque les nouveaux amis de Scott me proposent d'entreprendre des études bibliques, je refuse catégoriquement. Mon mari adore ce genre de lectures dont il s'est déjà régalé lors de précédentes expériences religieuses. Quant à moi, un coup d'œil jeté par curiosité a suffi à me convaincre de ne pas me gaver de ces textes auxquels je ne comprends rien. Que mon époux les apprécie, cela le regarde, pour ma part je ne compte pas m'encombrer l'esprit avec de telles sottises. Si Scott déplore mon désintérêt, cependant il n'insiste pas. En revanche, il m'informe que des membres de son Église vont venir régulièrement lui enseigner la bonne parole à domicile. Cela me contrarie, mais il n'en a cure.

Quelques jours plus tard, quatre hommes débarquent à la maison et s'asseyent autour de la table. Scott s'installe seul à une extrémité. Je ne suis pas conviée à l'entretien. Même si j'avais adhéré au mouvement, on m'aurait écartée. On ne mélange pas les genres : des femmes m'auraient initiée à la bonne parole.

Évincée des débats j'en saisis la teneur depuis une pièce voisine. C'est édifiant, consternant et inquiétant. Pendant deux heures et demie mon mari raconte sa vie dans les moindres détails et ses interlocuteurs lui démontrent à chaque épisode qu'il a très mal agi, que son existence n'est qu'une succession de péchés qu'il doit confesser dans le détail et d'erreurs dont il doit prendre conscience. En fait, point de salut hors l'Église internationale du Christ ! Tout ce qui a été entrepris avant le recrutement est nul et condamnable, et désormais rien ne doit plus être accompli sans l'accord d'un des référents présents.

Le discours des prédicateurs ne vole pas haut. N'importe quel imbécile pourrait débiter de telles âneries, et j'ai honte que mon mari les gobe.

La même équipe revient chaque semaine mettre Scott à nu. Pressé de questions, il livre tous ses secrets, ses défauts, ses travers dont les autres prennent soigneusement note. Au fil des jours, j'analyse le mécanisme et en perçois toute la perversité. L'objectif consiste à soumettre les adeptes de telle façon qu'ils obéissent ensuite aveuglément aux dirigeants de l'association et notamment au chef suprême, Kip McKean. Pour cela, les missionnaires s'appliquent à sonder leurs recrues, puis à les déstructurer, à les briser en les humiliant en public, dénonçant devant tous leurs faiblesses et la pauvreté de leur existence. Les victimes – c'est bien le terme – doivent prendre conscience qu'elles n'existent pas sans l'Église internationale du Christ. Elle seule peut leur indiquer le chemin, les aider à progresser, à s'élever vers le Divin et surtout à s'assurer du Paradis, car seuls les membres de l'Église internationale de Christ le peupleront.

Dans les premiers temps, j'assiste sans conviction à une dizaine de cultes du dimanche qui ne présagent rien de bon. Les orientations bizarres de cette communauté m'inquiètent, et les pratiquants me semblent bien excités pour de braves paroissiens.

Je m'en ouvre à une journaliste spécialiste des questions religieuses qui, après une courte enquête, confirme mes craintes : cette Église-là traîne une sinistre réputation ; beaucoup d'observateurs l'apparentent à une secte, même si ses dirigeants s'en défendent. Mon amie me communique des témoignages éloquents d'anciens adeptes. Le doute n'est pas permis.

Mouvement religieux évangélique fondamentaliste, l'International Church of Christ (ICC) se caractérise par son intolérance et une pratique consommée de la manipulation mentale. La vie privée de ses membres est, en effet, placée sous haute surveillance. Ils doivent rendre compte de leur emploi du temps, de leurs amis et des relations qu'ils entretiennent avec eux, du choix de leur conjoint, et des faits et gestes de celui-ci s'ils sont mariés. Un mentor les appelle obligatoirement deux fois par jour, au moins, et chaque membre est tenu d'écrire un rapport quotidien analysant son comportement durant la journée et la bonne application des principes et consignes qui lui ont été recommandés ou ordonnés le matin. Bref, une soumission totale et de tous les instants au gourou et à la secte est exigée.

En découvrant ces informations, je suis atterrée mais je n'essaye pas de mettre Scott en garde : la moindre remarque sur ses fréquentations le met dans des colères folles. En revanche, je prends du recul et cesse d'assister au culte le dimanche, ce qui indigne mon mari et ses précepteurs.

En juin 1999, Scott m'invite à assister à son intronisation, son baptême officiel, qui va se dérouler en grande pompe sur une plage du Pacifique. Bien que cette nouvelle ne me réjouisse pas, j'accepte d'assister à la cérémonie. À la fois par curiosité et pour savoir exactement dans quelle galère s'embarque mon mari. Autant me tenir informée de ses dérives pour mieux m'en prémunir.

Au jour dit, je ne suis pas déçue du voyage. Entouré d'adeptes en transe, hommes, femmes, enfants, Scott est immergé dans l'océan cependant que le gourou local et ses disciples, regards tournés vers le ciel, hurlent aux quatre vents qu'avant cet instant béni l'existence de l'heureux élu n'était qu'un ramassis d'immondices dans lequel il se complaisait. En reconnaissance de leurs bienfaits, ils l'invitent à se prosterner devant eux, ses sauveurs et maîtres ! Puis mon époux en extase est aspergé d'eau sous les cris et les vivats de ses compagnons. Un vrai délire. J'ai honte pour lui.

Le dimanche suivant, je me rends exceptionnellement à l'office durant lequel l'intronisation de Scott va être officialisée et annoncée à l'ensemble de la communauté. Au point où j'en suis, je préfère aller jusqu'au bout et découvrir les réactions des uns et des autres. Je fais bien, car j'assiste à des scènes encore plus hystériques que lors du baptême. L'assistance crie, pleure, chante, trépigne, tape des pieds et des poings, lève les bras, implore le Seigneur. Et une fois encore l'officiant rappelle à un Scott béat, docile, consentant et soumis qu'avant ce grand moment il n'était qu'une larve rampante et visqueuse. J'observe la scène, incrédule. Cette fois j'en ai la certitude : ces gens-là sont complètement fadas et leurs leaders aussi dangereux que méchants. La preuve ? Dès que le calme revient, le pasteur se tourne vers ses fidèles et pointe soudain le doigt en direction de jeunes gens qu'il insulte copieusement, les traitant comme des chiens et les désignant à la vindicte populaire. Tout juste s'il n'appelle pas à les lyncher en place publique. Je n'en crois pas mes oreilles, surtout lorsque j'apprends que leur seule faute est d'avoir perdu la veille un match de hockey contre une équipe adverse ! Quelques minutes plus tôt, l'homme qui les condamne aux yeux de tous proclamait haut et fort : « Aimez-vous les uns les autres. » J'ai peine à le suivre...

Quelques semaines plus tard, je pars avec soulagement passer six semaines en Ardèche dans ma famille, avec mes enfants. Cette parenthèse me fait le plus grand bien. Retrouver les miens m'apaise. Certes je ne m'étends pas trop sur mes malheurs auprès de ma mère, elle a suffisamment souffert lors du décès de mon père et elle est toujours seule. Inutile d'ajouter à ses tourments, je ne veux pas qu'elle s'inquiète. J'évoque simplement le côté très religieux de Scott, sans en dire plus. Cela me permet d'ailleurs d'expliquer la présence dans mes valises de livres et de documents édités par l'association de mon mari. Il a tenu à me les confier, espérant que leur lecture pendant les vacances me convaincrait. Ma mère n'y prête pas attention. Quant à moi, j'essaie bien de les parcourir, mais ils me tombent des mains. Ces écrits sont d'une noirceur calculée : « Jésus a saigné pour vous, vous avez une dette à payer envers lui, suivez les préceptes des gourous et le paradis sera à vous. » Moi qui pensais que la Croix nous sauvait, voici qu'elle me semble très pesante.

À mon retour, je ne sais comment annoncer à Scott que je n'adhère toujours pas à ses idées. Je crains sa colère car, lorsque je remue la barque, je sais par expérience que la tempête se déchaîne. Dès que je le contrarie en contestant les décisions ou les directives de ses supérieurs, il entre dans des rages folles, tapant sur les meubles, donnant des coups de pied dans le réfrigérateur, m'insultant et m'agressant verbalement, terrorisant Maximilien et Joséphine qui ne savent où se cacher. Enfant il a vécu dans un quartier difficile d'une banlieue de Vancouver où, comme il était de petite taille, il était fréquemment pris à partie et devait bien se défendre. Cette violence resurgit du plus profond de lui quand il se sent agressé d'une manière ou d'une autre. Il ne m'a jamais frappée, mais souvent je redoute l'instant où cela pourrait se produire. C'est donc avec d'infinies précautions et de complexes circonvolutions que je lui fais à nouveau part de mon peu d'enthousiasme pour les idées prônées par l'Église internationale du Christ que j'ai parcourues en France. Malgré ma prudente approche, je n'échappe pas à un nouveau déferlement de reproches haineux : je ne comprends décidément rien à rien, je ne suis qu'une impie irrécupérable, une pauvre fille perdue...

Le temps passe et Scott s'implique de plus en plus dans cette organisation qui dévore tout son temps. Son statut a changé depuis qu'il est baptisé. Il est monté en grade, l'élève est passé maître et, à son tour, il doit recruter, éduquer, évangéliser, ce qui lui laisse peu de temps pour travailler pour Amway. Très vite, il m'inflige quatre réunions hebdomadaires, soit à la maison, soit à l'église. Notre appartement ne désemplit pas, il résonne toute la journée de psaumes et de prières. Quand il n'est pas avec son gourou, son dieu vivant, son « berger spirituel » comme il le qualifie, Scott passe des heures à dialoguer avec lui au téléphone. Chaque matin il l'appelle pour prendre les consignes de la journée ; chaque soir il rend les comptes, détaillant toutes ses actions par le menu, acceptant les inévitables reproches avec contrition. Comment Scott peut-il tomber aussi bas ? J'avais rapidement constaté après notre mariage qu'il avait besoin d'un guide, mais je ne pensais pas qu'il pourrait s'abandonner, se soumettre à ce point à quelqu'un avec tant de veulerie, tel un esclave.

Incapable de prendre une décision personnelle, il ne répond même plus aux questions les plus anodines que je lui pose sans en référer d'abord à ses directeurs de conscience qui lui dictent les réponses. De l'achat d'un aspirateur à nos plus grands projets d'avenir, tout doit transiter par eux, tout doit obtenir leur aval. Je pose une question le matin, et Scott m'y répond le soir, verset à l'appui. Ensuite, il tente de me convaincre pendant des heures, c'est saoulant. Je n'en peux plus, je ne vis plus avec un homme mais avec trois cents personnes qui envahissent ma vie, tentent de me soumettre et enragent de me voir résister.

Ces deux années, 1999 et 2000, sont un vrai cauchemar, car je me sens très isolée dans un pays étranger, dans une culture étrangère. Je suis désarmée. Personne ne m'entend.

La mère de Scott – qui au début, quand tout allait bien, se montrait plutôt prévenante avec moi – s'est totalement rangée derrière son fils chéri, me reprochant sans cesse de lui faire des misères qu'il ne mérite pas. Je ne peux pas me confier à elle, ni essayer de lui expliquer une situation qu'elle ne veut pas voir. Aucune aide à attendre d'elle, aucune compréhension à espérer, elle me rejette. Bien sûr, je pense souvent à chercher du réconfort auprès de ma mère, mais je refuse toujours de la perturber avec ces histoires, bien qu'elle me sache maintenant malheureuse. Quant à mon oncle Valentin, nous sommes en froid depuis les embrouilles du restaurant et je me vois mal lui exposer mes états d'âme. Sans appui, je suis livrée aux membres de la secte qui bouffent ma vie et celle de mes enfants.

Plusieurs fois par jour une femme du groupe vient me voir ou me téléphone. Elle voudrait tout savoir sur mes activités, sur Maximilien et Joséphine, sur mes rapports les plus intimes avec mon mari, les achats que j'envisage et le montant de mon compte en banque. Je l'éconduis régulièrement en l'invitant à s'occuper de ses affaires, mais rien n'y fait. Sans se décourager le moins du monde elle repart à l'assaut, appelle et rappelle pour me seriner les mêmes litanies. Et quand elle fatigue, elle se fait appuyer par d'autres femmes qui prennent le relais. Excédée par ce harcèlement, un soir je préviens mon mari : « Si elles n'arrêtent pas immédiatement de téléphoner, je porte plainte auprès de la police. »

Les appels cessent mais, dès lors, je deviens une ennemie absolue et une cible pour la communauté qui n'arrête pas de me dénigrer auprès de Scott. Refusant de fréquenter son église, je suis d'abord qualifiée d'hérétique. Puis une étape supplémentaire est franchie, bien plus grave : comme j'assiste à des cours à l'université – où je rencontre beaucoup d'hommes, professeurs ou étudiants –, je suis considérée comme une pute ! Mon époux n'en doute pas une seconde, ce qui n'améliore pas nos relations et me conduit à faire lit à part. Je dors d'un mauvais sommeil sur un canapé inconfortable, dans le salon.

Cette nouvelle dégradation dans mes rapports avec Scott me vaut tous les qualificatifs. Je suis une méchante femme, la plus mauvaise mère du monde, incapable de m'occuper de mes enfants. Me voilà aussi prétentieuse et arrogante. Scott me répète souvent que ce n'est pas parce que je prépare un doctorat en sciences du langage que je lui suis supérieure. Au grand jamais je n'ai prétendu cela ! Qu'importe, une épouse doit se soumettre à son mari : c'est la loi de Dieu, en poursuivant des études je l'enfreins.

Dans ce délire verbal, un jour mon mari m'invite pourtant à l'accompagner au cinéma avec ses amis. Reviendrait-il à de meilleurs sentiments ? N'étant plus habituée à ce genre d'attention, j'ose l'espérer et accepte volontiers ce dérivatif qui me changera les idées. Je donne les enfants à garder et nous voilà partis.

Après le film, nous nous installons dans un bar pour prendre un verre mais je n'ai guère le temps d'apprécier ce moment de détente, car je dois vite déchanter : la fête tourne court. J'espérais être invitée à une soirée entre copains, et je suis convoquée devant un « conseil conjugal », constitué pour la circonstance, qui prétend juger mes actes et me dicter ma conduite.

Là, j'explose.

– Mais vous êtes qui, pour vous mêler de ma vie ?

Le visage de Scott se décompose. Que j'ose envoyer ses amis aux pelotes constitue un crime de lèse-majesté manifeste ! N'ayant que faire de ce qu'il pense, sans entendre un mot de plus je ramasse mes affaires et je file. Décidément, je n'ai plus grand-chose à attendre de ce mari que je ne me résous pourtant pas à quitter. J'y ai déjà pensé, mais quelque part je l'aime toujours un peu et j'ai la conviction qu'il croyait bien faire en me traduisant devant ce ridicule « conseil conjugal ». En fait, Scott refuse une évidence : mon refus absolu de souscrire aux principes de son gourou. Convaincu de leur bien-fondé, persuadé que je fais fausse route, il entreprend tout pour me ramener à lui et ne fait que m'éloigner chaque fois un peu plus.

Son aveuglement et ses appels pathétiques me font pitié, mais j'espère encore pouvoir l'aider. Il est le père de mes enfants...

Jour après jour, la vie devient pourtant un enfer. Scott ne se consacre plus qu'aux études bibliques et au prosélytisme. Imposant à sa famille obligations et interdictions, il se comporte en véritable intégriste. Il veut même m'empêcher de poursuivre mes études. Il m'inflige un calvaire moral mais aussi, bientôt, matériel. Car il ne donne pas que du temps à son Église, il lui verse également beaucoup d'argent, nous plaçant ainsi dans une situation financière périlleuse.

L'International Church of Christ se montre en effet très gourmande sur le plan financier. L'organisation prélève entre 10 et 25 % des revenus de tous ses adeptes et ces sommes sont exclusivement affectées au fonctionnement de la communauté. Pour bien les formater, même les enfants sont soumis au racket : lorsqu'ils perdent une dent de lait et que la petite souris passe dans la nuit déposer un dollar sous leur oreiller, au matin ils doivent en reverser 20 % à la secte !

Pour satisfaire son « berger », mon époux essaie de confisquer l'argent que je gagne et je comprends vite qu'il lorgne en outre sur mon patrimoine familial. Ses frasques nous ont pourtant déjà coûté assez cher. En quatre ans, nous avons dû débourser cinq cent mille dollars pour payer notre restaurant et, lorsque nous l'avons enfin revendu, mon oncle voulait encore nous ponctionner vingt mille dollars pour régler quelques factures qui traînaient par-ci par-là. J'ai estimé que la plaisanterie suffisait. Mais Scott, lui, comptait beaucoup moins que moi. Sa carte de crédit continuait à tourner à plein régime et je découvrirai bien plus tard que, durant les cinq premières années passées dans sa secte, il a contracté quarante mille dollars de dettes !

Pendant qu'il dépense, je travaille énormément pour faire tourner la maison, nourrir mes enfants et les habiller tout en poursuivant mes études. Je suis souvent fatiguée mais je m'en accommode : il y a plus grave. L'éducation de Maximilien et Joséphine m'inquiète car Scott les entraîne vers sa funeste secte en les abrutissant de prières et de sermons vides et pontifiants. Tous les mercredis, à 19 heures, il les emmène à l'église et là, avec d'autres petits, ils écoutent en bâillant des textes bibliques jusqu'à 22 heures. C'est un horaire bien trop tardif pour des mômes âgés à l'époque de quatre et six ans, qui seraient bien mieux au lit plutôt que d'écouter ce genre de sornettes. Je le dis et le répète à mon mari qui n'en a que faire : le gourou a dit ; le gourou a raison.

Heureusement, cette pratique cesse un jour sans que Scott m'en donne la raison. Peu importe, l'essentiel pour moi est bien que mes enfants retrouvent un rythme de sommeil normal. Je m'en réjouis mais, hélas, d'autres dysfonctionnements me tracassent. Le climat ambiant, la pression de l'église et les disputes incessantes à la maison perturbent Maximilien et Joséphine qui montrent des signes inquiétants de déséquilibre. Mon garçon est en échec scolaire, et sa sœur entretient avec Scott une relation ambiguë perturbatrice qu'un psychologue qualifiera plus tard d'inceste émotionnel. Depuis que son père dort seul, elle se lève souvent la nuit et va se glisser à son côté. Lui soulignant les dangers d'un tel comportement, j'ai prié Scott de la ramener systématiquement dans sa chambre. Mais, comme d'habitude, il ne m'écoute pas. Parallèlement, Joséphine, qui était propre depuis longtemps, s'est remise à faire pipi au lit. Le psychologue y verra, là aussi, le signe d'une profonde perturbation. Quant à moi, j'ai la mauvaise impression que Scott se raccroche à sa fille pour me remplacer.

Mais Scott n'entend toujours rien, ne change rien à son attitude. Il ne se réveille pas, il plane dans sa nébuleuse mystique et refuse de voir les réalités, m'amenant même à me poser parfois de terribles questions. Ainsi, malgré mes remontrances et mes plaintes, il continue à prendre son bain avec ma petite fille, ce que je trouve extrêmement malsain, surtout dans les circonstances actuelles. Lui n'y voit rien de répréhensible et poursuit ce rituel sans plus s'interroger. J'espère qu'il est seulement irresponsable, inconscient, mais je ne peux m'empêcher de trembler.

Et un jour, un incident se produit. Grave. Scott sort de la salle de bains très perturbé. Je comprends à sa mine qu'il s'est passé quelque chose. Blême, d'une voix que je ne lui connais pas, il me fixe et me dit que Joséphine lui a parlé de son pénis.

Je crois défaillir. Notre gamine n'a pas encore cinq ans. Comment connaît-elle ce vocabulaire ? Qui le lui a appris ? Pourquoi ? Je peux certes mettre son père hors de cause, car il paraît aussi bouleversé que moi, mais le problème n'est pas résolu pour autant. Il est évident que mes enfants sont en danger et ce danger ne peut provenir que d'un ou plusieurs membres de l'Église internationale du Christ, puisqu'ils ne voient quasiment personne d'autre.

Malgré son trouble, une fois de plus Scott refuse pourtant l'évidence et ne mène aucune enquête au sein de son groupe qu'il continue de vénérer et de glorifier comme si de rien n'était.

Pour moi c'en est trop, c'est la goutte d'eau qui fait déborder le vase : je dois partir, me dégager de cet univers oppressant, me libérer de cet engrenage qui m'entraîne au fond du gouffre, mettre mes enfants à l'abri. De plus, je suis déchue de mon autorité parentale, mon mari me la confisque. Il achète les enfants avec des bonbons, des confiseries pour qu'ils le suivent et lui obéissent. L'éducation de Maximilien et Joséphine est ainsi conditionnée par les écrits de la secte.

En avril 2000, ma décision est prise : je veux demander le divorce. Craignant une réaction violente de la part de Scott, je lui propose d'emblée une séparation à l'amiable. Il la refuse et me couvre d'insultes, comme je le redoutais.

Je ne m'attendais pas à une partie de plaisir et je sais que des moments difficiles se profilent, mais je dois absolument recouvrer ma liberté afin d'échapper à ces fous furieux fanatiques et de protéger mes enfants. C'est la seule chose qui compte. Il est donc grand temps de réagir.

Partir, c'est bien, mais pour aller où ? Je n'en ai aucune idée, et je me demande comment je vais me débrouiller matériellement, seule avec deux enfants. Mon mari ne m'était pas d'un grand renfort financier, mais il apportait tout de même un petit pécule. Là, je vais devoir vivre avec mon maigre salaire de prof et les allocations familiales. Ce ne sera pas facile.

Tous ces problèmes se bousculent dans ma tête lorsque le destin me vient enfin en aide : alors que je ne m'y attends pas, j'apprends qu'un jury d'universitaires vient de m'élire comme l'une des dix meilleures étudiantes de l'université de Colombie-Britannique. À ce titre, on va m'octroyer une bourse annuelle de vingt mille dollars.

C'est merveilleux ! Je saute de joie. Tous mes soucis financiers s'envolent comme par enchantement, je vais pouvoir faire face à ma nouvelle situation, me voilà sauvée.

– 4 –

LE SALUT EN ARDÈCHE

Dans mon esprit tout est clair : je me sépare de Scott et pars vivre quelque part avec mes enfants. Grâce à la bourse qui vient de m'être attribuée, je pourrai m'en sortir financièrement. Je n'envisage pas de quitter le Canada où je suis installée depuis maintenant plus de dix ans. Ma vie est ici. Max et Jo – comme on les surnomme – sont nés à Surrey, je travaille à Vancouver et j'y poursuis mes études. Quant à la France elle n'est plus qu'un pays lointain auquel seuls ma mère, mes sœurs et de merveilleux souvenirs d'enfance me rattachent encore. Certes je pense souvent à notre ferme dominant Satillieu, à ce mont Blanc que l'on aperçoit, au loin, quand un ciel bleu et pur le permet, mais je n'ai pas de regret. Je suis toujours heureuse de retourner dans mon Ardèche natale et je souhaite faire découvrir cette belle région à mes enfants mais, pour moi, il s'agit d'une époque révolue. J'ai suivi un homme en Colombie-Britannique pour le meilleur et pour le pire ; j'ai connu le meilleur, je m'arrangerai avec le pire. Qu'irais-je faire en France alors que mes attaches sont maintenant ici ?

Une autre raison m'incite à rester au Canada : ne pas priver Maximilien et Joséphine de leur père. J'ai tellement souffert en perdant le mien que je refuse de leur infliger une telle séparation. Les soustraire à l'influence de la secte me semble vital, mais je ne peux pas leur enlever l'affection de leur papa, même s'il ne leur en témoigne pas beaucoup. Composer avec la situation en respectant de telles règles me paraît possible, bien d'autres couples divorcés l'ont fait avant nous.

Mon mari ne l'entend toutefois pas de cette oreille. Il refuse obstinément l'idée du divorce, et ses bons amis de l'Église du Christ l'encouragent dans cette voie. Ils lui affirment même que c'est inacceptable, totalement incompatible avec leurs principes. Scott n'a pas le droit de tolérer cela, ils ne cessent de le lui marteler, lui reprochant sa faiblesse coupable.

Non seulement, chez eux, le divorce est banni, mais une bonne épouse se doit d'accorder trois rapports sexuels par semaine à son mari. Et celui-ci est tenu d'en rendre compte dans le détail à ses confesseurs ! Si elle rechigne, l'homme doit contraindre sa femme à se soumettre. Scott a été mortifié le jour où il a dû avouer que nous faisions lit à part, et il me l'a fait payer cher. Il s'est vengé des foudres de son gourou en me couvrant d'injures. Ses colères et ses menaces étaient terribles. Le soir, recroquevillée sur mon divan, dans le salon, je ne trouvais pas le sommeil, persuadée que mon mari allait me violer ou me faire la peau. Un matin, il a essayé de m'empoisonner en mettant de l'acide dans mon thé parce que je n'avais pas voulu dormir avec lui. Quand il est rentré, il s'est dressé devant moi dans un tel état que j'ai jeté quelques affaires dans un sac et je me suis enfuie pour aller passer la nuit dans un hôtel voisin. Jamais je ne l'avais vu ainsi. Il hurlait, tremblait, donnait des coups de pied rageurs dans les meubles en m'ordonnant de regagner le lit conjugal. J'ai bien cru qu'il ne me laisserait pas franchir la porte. Sitôt dans la rue, j'ai couru comme une folle vers un refuge.

Le lendemain, je suis revenue après avoir contacté la police. Laquelle m'a dit ne rien pouvoir faire puisqu'il n'y avait pas eu de passage à l'acte.

Depuis ce jour, mon mari n'a cessé de me compliquer la vie, me reprochant de ne penser qu'à moi et à mes études.

Aussi, lorsque j'ai entrepris des démarches en vue d'obtenir notre séparation et pour trouver un appartement, j'ai dû donner tous mes coups de téléphone en cachette pour ne pas dévoiler mes intentions à mon conjoint. Mais c'était très compliqué ! Trop compliqué...

Éreintée, j'ai fait appel à un juge des affaires familiales qui a désigné un médiateur, en espérant que ce dernier pourrait trouver une solution, à défaut de faire entendre raison à Scott et de le convaincre d'accepter la séparation à l'amiable. Le médiateur nous a convoqués tous les deux à plusieurs entretiens puis, un jour, il m'a priée de passer le voir seule.

– Madame, il est impossible de négocier avec votre mari, m'a-t-il dit, il ne veut rien savoir. Mais je peux affirmer que vous présentez tous les syndromes d'une femme battue, aussi je vous conseille de vous réfugier dans un foyer accueillant ce type de personnes.

Ce discours me fait prendre conscience de la gravité de la situation. Depuis le temps que je subis les harcèlements psychiques de Scott, je me suis habituée à leur violence et n'en mesure plus l'étendue. Même si, jusqu'alors, il ne m'a jamais frappée, pour le médiateur le résultat psychologique est le même, et mon cas s'apparente à celui d'une femme battue.

C'est terrible d'admettre cela : humiliant. Jamais

je n'aurais imaginé entrer un jour dans cette catégorie de femmes. Je pensais que mon éducation et ma culture me mettaient à l'abri d'un tel malheur, et pourtant j'en suis bien là.

Femme battue, ou assimilée... Le médiateur pèse ses mots lorsqu'il pose ce diagnostic, il ne s'agit pas seulement d'une image. Les bleus et les douleurs en moins, je suis aussi meurtrie qu'une femme rouée de coups. Mon interlocuteur a raison : mon mari me détruit.

Depuis son enfance, Scott a toujours été violent. Je l'ai déjà dit, c'est dans sa nature. Cette violence était en sommeil, enfouie au plus profond de lui, et la secte l'a réveillée. En disséquant mon mari, son gourou et ses sbires ont découvert cette tare et s'en sont délectés. Ils l'ont cultivée, amplifiée. Plutôt que de raisonner Scott, de l'apaiser, de le canaliser, ils l'encouragent au contraire à une violence sans limite, lui assurant que tout lui est permis. Le gourou ne cherche pas à mettre en valeur les qualités de ses adeptes, mais leurs défauts. Prêchant le bien et le mieux, il répand le mal et le pire.

Une secte ne rend pas forcément un être mauvais. Chacun des membres adapte ses dogmes en fonction de sa personnalité et, pour certains, cela se passe assez bien : ils vivent leur folie sans nuire à personne. Je n'ai pas eu cette chance avec Scott. C'est un faible à qui l'on a donné l'illusion qu'il est fort, ce qu'il traduit par des actes de violence répétés et démesurés. De plus, il est convaincu que Dieu est avec lui et approuve sa conduite.

Alors que je cherche toujours une issue rapide au conflit, je m'aperçois que mon mari met en œuvre une nouvelle stratégie. Non seulement Scott ne se résout pas au divorce, mais il prend d'ores et déjà les devants : il téléphone de plus en plus souvent à un ami d'Amway qui a lui-même démoli sa femme lors de leur séparation, et bien vite je comprends que Scott prépare une rigoureuse procédure juridique. Non, le divorce ne se fera pas à l'amiable. Je vais en baver, et Scott va utiliser les enfants pour faire pression sur moi. Il va essayer de me les arracher, j'en suis sûre. J'ai très peur pour eux. Un sentiment d'impuissance me gagne. J'ai un pressant besoin d'aide, de soutien.

Ne supportant plus mon isolement dans ce milieu de plus en plus hostile, j'appelle ma mère au secours. Elle demande alors à ma sœur Claire de venir passer quelques semaines de vacances avec moi, afin d'« aérer » un peu les enfants.

Elle arrive au mois de juin avec son petit garçon, William, et vient s'installer à la maison où elle découvre le climat ambiant. Sa présence ne modère en rien le comportement de Scott qui s'en prend même à elle, lui reprochant d'être fille-mère, ce que sa secte réprouve également.

Lorsque nous évoquons le divorce, mon époux exige ouvertement la garde des enfants. Il espère ainsi me faire renoncer à ma démarche. Il n'en démord pas et se montre intransigeant.

Un matin, il me demande les passeports canadiens de Max et Jo, ainsi que leurs cartes d'identité. Il veut aussi que je lui communique tous les renseignements administratifs les concernant : numéro de Sécurité sociale, assurance... J'ai alors la conviction qu'il va les emmener aux États-Unis, dans le Minnesota, où réside la famille de sa mère. Elle-même avait conduit ses enfants là-bas lors de son propre divorce. Cette idée me glace. Je dois partir avant que Scott ne nous détruise, mes enfants et moi. Seule la fuite nous sauvera. Je ne peux plus me battre, alors je nous dessine une fenêtre pour nous échapper.

Ce matin-là, je demande à Claire, le plus normalement du monde, d'emmener les enfants à la plage, leur promettant de les rejoindre très vite. Et sitôt mon époux parti, je ramasse quelques affaires, boucle la valise de ma sœur, et téléphone à plusieurs des maisons pour femmes battues indiquées par le médiateur. Seulement voilà : deux femmes et trois enfants qui débarquent en même temps, c'est lourd à gérer, et les places manquent. Je finis par renoncer et rejoins Claire sur la plage avec un pique-nique. Je lui expose les difficultés, mais nous convenons qu'il est impératif de continuer notre prospection : impossible de faire marche arrière, la situation devient trop dangereuse.

Si je devais encore m'en convaincre, je me remémore les dernières turpitudes de Scott et de ses amis.

Un soir, alors que j'étais sortie, il avait tiré tous les verrous de la porte, m'empêchant de rentrer. Claire était à côté de lui, mais il lui interdisait d'ouvrir. Elle n'y est parvenue qu'après de pénibles palabres.

Sans même m'en avertir, mon mari a aussi vendu ma voiture pour payer quelques dettes, m'obligeant ainsi à me rendre à la fac en bus et à récupérer les enfants à l'école à pied. Or celle-ci est à deux kilomètres de notre domicile ! Sans parler du jour où un copain de classe a blessé Joséphine à l'œil avec une baguette de mikado, et que j'ai voulu la conduire aux urgences. J'ai dû téléphoner à son père, mais « monsieur » était trop occupé, il ne pouvait être dérangé.

Non, vraiment, il faut en finir, la situation devient trop dangereuse. Nous devons avancer et, dans l'immédiat, trouver un abri pour ce soir.

Une idée me vient : je téléphone au service hébergement de mon université pour savoir si des chambres sont disponibles. Bingo ! Il y en a. Elles sont un peu chères mais, au moins, nous serons en sécurité. Afin de ne pas les perturber, j'affirme aux enfants que nous prenons quelques jours de vacances, et les voilà heureux dans la débâcle. Je les comprends : la plage est proche de l'endroit où nous emménageons et nous disposons de six chambres avec vue sur mer ; une pour chacun et une en rab. Que demander de plus pour des vacances ?

Le soir j'appelle Faye, la mère de Scott, afin qu'elle rassure son fils sur le sort de ses enfants. Mais je me garde bien de lui dire où ils se trouvent. Elle ne fait pas de commentaire et ne pose qu'une question :

– Est-ce qu'il te bat ?

Je reste évasive.

– Peu importe...

Dès le lendemain, je reprends mes démarches pour trouver un lieu où me poser à plus long terme avec ma petite famille. Au moins, maintenant, je peux téléphoner sans avoir à me cacher. C'est tout de même plus facile.

Après deux jours de recherches, je trouve un toit qui nous convient mieux, toujours sur le campus.

Les enfants apprécient ce retour à une vie plus normale : ils s'amusent bien avec leur cousin William, je suis heureuse de les voir jouer.

Ma sœur et moi nous efforçons de leur faire oublier tous les tracas de ces dernières semaines. Ce n'est pas facile, et nous les sentons, malgré tout, perturbés. Il est vrai que notre situation reste préoccupante. Mais, enfin, nous sommes au calme et en sécurité, c'est déjà ça. Je dispose d'une base de repli confortable pour préparer ma défense, ce qui n'est pas un luxe car je m'attends à une rude bataille.

J'en ai la confirmation lorsque je repasse chez moi pour récupérer du linge et des vêtements supplémentaires : Scott a fait changer les serrures. Je demande alors à des policiers d'intervenir. Ils m'avouent leur impuissance :

– Madame, nous pouvons frapper à la porte, mais rien de plus. Si votre mari refuse d'ouvrir, c'est son droit.

Je devrai avoir recours à un avocat pour que mon époux me laisse entrer. Il m'accordera quelques minutes pour rassembler mes effets, puis me fichera à la porte. Il conservera mes cours et mes travaux, pourtant indispensables à la préparation de mon doctorat, menaçant même de les brûler si je ne reviens pas me mettre à genoux devant lui.

Je m'en remets à nouveau au médiateur pour tenter de débloquer la situation. Il prend contact avec mon mari et obtient une proposition d'accord, ce qui nous éviterait d'aller jusqu'à une procédure judiciaire.

Ce contrat, renouvelable tous les trimestres, stipule que les enfants vivront avec moi, mais qu'ils séjourneront deux week-ends par mois chez leur père et que celui-ci aura un droit de visite deux fois par semaine. Une pension alimentaire me sera également versée. Après avoir refusé, dans un premier temps, de me donner quoi que ce soit, Scott fixe lui-même le montant de la pension à trois cents dollars et finit par m'en concéder quatre cents, ce qui est bien en dessous du barème prévu par la loi. Cela n'a pas grande importance et je mets rapidement un terme à ce marchandage de bazar : l'essentiel, c'est de conserver Maximilien et Joséphine auprès de moi.

En revanche, une des clauses de ce contrat me dérange : il m'est interdit de sortir du territoire, et même du grand Vancouver ! Ainsi je suis assignée à résidence, ce qui signifie que je ne peux même plus rendre visite à ma famille en France. J'exprime mon mécontentement au médiateur qui me conseille de signer cet arrangement. Cette proposition d'accord me permet au moins d'accéder librement au domicile de mon mari pour y récupérer mes cours. Pour le reste, dit-il, on verra plus tard.

Je souhaite par ailleurs aborder un autre point qui concerne les conditions dans lesquelles mes enfants vivront chez leur père lorsqu'il les gardera. Je rappelle l'incident du bain au médiateur et, heureusement, il en tient compte. Il fait ajouter une clause imposant la présence d'une tierce personne au domicile du père quand Joséphine et Maximilien séjourneront chez lui, soit deux week-ends par mois. En théorie, il est entendu que Faye, leur grand-mère, viendra veiller sur eux.

Signer cet accord me dérange, je ne parviens pas à m'y résoudre. J'aurais aimé avoir l'avis de mon avocate, mais elle est absente. Le médiateur me remet la pression :

– Je pars en vacances ce week-end ; si vous ne signez pas, votre mari brûlera votre thèse en cours.

Je finis par parapher le document, à contrecœur. Et lorsque je veux me rétracter quelques jours plus tard et demander l'annulation de ce contrat à la cour, c'est trop tard, ma requête est rejetée.

Le 1er novembre 2000, notre accord arrive à échéance. Il devrait être renouvelé, mais un élément nouveau change la donne : j'apprends que deux hommes appartenant à l'ICC se sont installés chez Scott, et je m'y oppose formellement, car ce sont eux qui vont faire office de témoins de moralité. Avec ma belle-mère je n'étais déjà qu'à demi rassurée. Désormais je suis franchement très inquiète. Ces nouveaux témoins ne limitent pas le danger : ils l'accentuent. Le risque est multiplié par trois !

Malheureusement, le contrat n'est pas nominatif. Il ne précise pas l'identité de la tierce personne obligatoirement présente lors des visites des enfants à leur père. J'ai bien essayé de mettre en garde le médiateur, mais je ne peux pas agir ; rien ne prouve que ces personnes constituent une menace pour mes petits.

Cette situation m'est insupportable et j'en perçois vite les effets néfastes. Les enfants reviennent de chez leur père épuisés, énervés. Enfermés entre quatre murs – soit à l'appartement, soit au siège de la secte –, ils passent leur temps à prier et à ingurgiter des versets jusqu'à des heures bien trop tardives pour des gamins de cet âge. Je les sens malheureux, ils dépérissent à vue d'œil.

Suite à un aménagement des jours de visite, Maximilien et Joséphine vont maintenant chez leur père le mardi soir. J'en profite pour les inscrire à un cours de gymnastique ce soir-là. Scott n'ose pas s'y opposer. Je suis doublement satisfaite de l'opération : d'abord parce que ça leur fera le plus grand bien, ensuite parce que je les soustrais à l'endoctrinement religieux pendant quelques heures. C'est toujours ça de pris. Seulement, ça ne suffit pas.

En janvier 2001, je constate que la situation ne fait que se dégrader. Scott ne s'occupe absolument pas des enfants. Des membres de la secte jugés plus avancés spirituellement que lui ont pris leur « éducation » en charge. Lorsqu'ils les gardent, soit ils les assomment de sottises, soit ils les installent des heures durant devant la télévision afin d'avoir la paix et de se consacrer à leurs évangélisations. Les enfants sont rendus tard dans la nuit à leur père, souvent sans qu'ils aient mangé. Leurs résultats scolaires, leurs jeux, leurs désirs, leurs besoins : ils s'en moquent tous éperdument, cela ne les concerne pas. Une seule chose compte : leur instruction biblique. De ce côté, mes enfants ne manquent de rien, il y a même overdose !

Inscrit en cours préparatoire, Maximilien ne parvient pas à suivre, tandis que Joséphine présente des troubles du comportement. Ainsi la maîtresse de Jo me convoque un jour pour me signaler qu'elle « attrape les bourses des garçons » à l'école. Par ailleurs, je constate qu'elle a aussi tendance à s'asseoir sur les genoux d'hommes qu'elle ne connaît pas, et à leur caresser le torse.

Tous ces incidents m'interpellent. Nous ne pouvons pas continuer comme ça. Il va falloir envisager d'autres solutions pour protéger mes enfants.

C'est alors qu'une opportunité inattendue se présente.

Initialement, à la rentrée universitaire 2001-2002, je devais inaugurer mon premier poste de maître de conférence à l'université de Victoria, en Colombie-Britannique, et professer dans trois disciplines : le français, les nouvelles technologies et la formation des professeurs de langues. D'autres propositions, plus intéressantes financièrement, m'étaient parvenues des États-Unis. J'avais alors privilégié ma famille et l'environnement culturel de mon mari en optant pour le Canada. Je ne le regrettais pas.

Là-dessus, dans le cadre d'échanges entre les universités canadiennes et françaises, j'apprends que j'ai la possibilité de suivre des cours à l'École normale supérieure de Lyon pendant dix mois. Une parenthèse enrichissante, professionnellement, qui me permettrait également de me ressourcer au sein de ma famille et de dépolluer le cerveau de Joséphine et Maximilien que j'emmènerais avec moi.

Cette occasion tombe à point nommé, et je la saisis immédiatement.

Très cordialement, le recteur de l'université de Victoria accepte de reporter ma prise de fonction en juillet 2002, m'assurant qu'il gardera ma place et que je serai la bienvenue, même avec un an de retard. C'est très aimable de sa part, et je lui en suis reconnaissante. A priori, au vu de mes résultats, son conseil d'administration a estimé que j'étais la meilleure candidate pour ces postes, ceci expliquant peut-être cela.

Mon plan est vite prêt. Reste à le faire accepter à Scott, et ce ne sera pas simple. Me laissera-t-il partir dix mois en France avec les enfants, même si je lui garantis que je reviendrai ensuite au Canada avec eux ? C'est pourtant mon intention, car ma position n'a pas varié sur ce point : ma vie est ici, Maximilien et Joséphine doivent rester en contact avec leur père. Mais celui-ci croira-t-il à cette promesse ? J'en doute. J'ai pourtant réussi à mettre en place un schéma satisfaisant pour tous. La perspective de « m'évader » quelque temps vers la France m'enchante, ce sera un bol d'oxygène pour mes enfants et moi. Car malgré la séparation, le harcèlement incessant de Scott n'a pas de répit. Et c'est bien ce qui me fait peur. Je crains qu'il ne rejette ma proposition.

Et, bien sûr, j'essuie le refus attendu.

En réponse à ma demande, je reçois un courrier, un pavé de cent cinquante pages m'ôtant toutes illusions sur un compromis à l'amiable. Scott me fait parvenir, par la voie de son avocat, une ordonnance de la cour stipulant que je ne suis pas autorisée à quitter le territoire.

Au même moment, je découvre que mon mari

a réussi à faire bloquer, par un tour de passe-passe, quatre-vingt mille dollars que ma mère possédait sur un compte bancaire ouvert à Vancouver avec mon père, à une époque où ils envisageaient de s'installer ici. Étant mon époux, Scott estimait que, dans un superbe élan familial, cet argent s'inscrivait dans notre patrimoine, en l'occurrence le sien.

Je ne peux m'empêcher de me demander comment une telle manœuvre a pu être réalisée. J'entrevois la réponse en me penchant sur l'entourage de Scott. Le compagnon de sa mère, Mike Luchenko, est un haut magistrat, un *Crown Prosecutor*, l'équivalent d'un procureur en France. De là à penser qu'il a fait jouer quelques relations ou tiré certaines manettes, il n'y a qu'un pas. Je ne possède pas de preuves formelles – il s'agit seulement de ma conviction – mais je ne vois pas comment il pourrait en être autrement. Le piège se referme sur moi. Je suis traquée de toutes parts, je ne dispose d'aucun appui et d'aucun allié. J'ai bien une poignée d'amis fidèles et dévoués. Mais tous sont aussi démunis que moi, hélas, face à la broyeuse qui se met en place.

On me retient de force au Canada, alors que je n'y ai commis aucun délit. Une situation révoltante. S'il fallait consigner chez elles toutes les femmes qui se séparent de leurs maris... De surcroît je suis française ; autrement dit on m'interdit de regagner la France, une nation qui a fondé ce pays où l'on parle encore la langue de Molière et qui a valu son indépendance aux USA.

Je commence à entrevoir une lueur d'espoir quand je pense à ma sœur Claire qui se marie en juillet. Je n'ai pas l'intention de manquer la cérémonie. J'en fais part à un juge, M. Patterson, qui m'autorise à quitter le territoire avec mes enfants aux dates que je dépose, du 1er au 21 juillet. Enfin quelqu'un qui me fait confiance ! Il ne donnera cependant sa réponse pour mon séjour à Lyon que lorsque je serai rentrée d'Ardèche, le 21 juillet. Il n'est toutefois pas hostile à ce séjour, estimant que le poste qui m'est promis à l'université de Victoria, en 2002, garantit mon retour. Il me demande juste de lui confirmer mon engagement par écrit, ce que je fais.

Dans le même temps, je passe voir quelqu'un au consulat de France afin de lui faire part de ma situation. On me conseille de faire mes bagages et de rentrer définitivement en France avec mes petits. J'en prends note, mais pour l'instant je préfère m'en tenir aux voies légales.

*
**

Après avoir repris force et espoir à Satillieu durant trois semaines, fidèle à ma promesse je rentre au Canada le 21 juillet 2001. Mes enfants sont transfigurés. Pendant tout leur séjour en France, ils s'en sont donné à cœur joie avec leurs cousins, courant par les bois et les prés, se régalant d'interminables parties de cache-cache et de cavalcades avec les poneys. Tout bronzés, ils sont beaux : leurs bouilles épanouies respirent la plénitude et la santé.

Scott, en larmes, m'attend à l'aéroport. Après tous les coups bas qu'il m'a portés, toutes les crasses qu'il m'a faites, les insultes et les menaces qu'il a proférées, il me supplie de reprendre la vie commune. Malgré ses suppliques, je regagne mon appartement à l'université.

Dès le lendemain, c'est à lui de garder les enfants pendant trois semaines, au nom de l'équité parentale. Cette perspective l'affole autant qu'elle me tourmente. Vulnérables, les enfants dorment seuls dans une chambre, alors que deux adeptes de la secte, amis de leur père, censés veiller sur eux, rôdent dans la maison. Tout cela m'effraie, mais que puis-je faire ? Les juges le veulent ainsi. J'ai juste obtenu le droit de les voir tous les mercredis, ce qui me permettra de faire un état des lieux.

Il est bien vite catastrophique. Les instants de bonheur que nous avons partagés en Ardèche s'estompent rapidement pour laisser place à une réalité plus cruelle. J'apprends que le gourou de la secte a pris personnellement en main la destinée de mes enfants. C'est un désastre. Il les terrorise, les traumatise en leur bourrant le crâne à longueur de journée de ses inepties. Les pauvres mômes ne savent plus où ils en sont. Maximilien est déboussolé. Un jour, il a eu le malheur d'évoquer le Père Noël :

– Le Père Noël, ça n'existe pas ! Qui t'a fichu cette idée dans la tête ? Le 25 décembre, c'est la naissance du Christ, c'est tout. Le Père Noël est un imposteur, une créature du diable ! s'exclama le gourou, hors de lui.

Mon petit Max en est encore tout chaviré lorsqu'il me fait part de cette désillusion. Moi je préfère qu'il croie au Père Noël plutôt qu'à tout ce verbiage qu'on lui enseigne, mais je suis impuissante, personne ne m'entend. Et surtout pas son père qui n'a même pas pris un jour de vacances avec ses enfants durant l'été. Incapable de s'en occuper, il les trimbale d'une famille de la secte à une autre. Je les vois s'éteindre un peu plus chaque semaine.

Dans tout ce désordre, Maximilien manque de perdre l'ouïe. Alors qu'il a subi une intervention chirurgicale, son père refuse de lui donner les antibiotiques prescrits. Seule la prière a le pouvoir de le guérir selon lui. Je me fâche, j'alerte la mère de mon mari. Rien n'y fait. Je contacte alors le Dr X., qui a la charge de la rééducation auditive de Maximilien, et lui fais part de mes inquiétudes. Il n'en tient pas compte.

Par ailleurs, tandis qu'il suit cette thérapie auditive avec ce médecin, je m'aperçois avec effroi que mon pauvre garçon ne sait quasiment plus lire. En trois semaines passées avec son père, il a désappris toute son année scolaire. J'interpelle de nouveau le Dr X. et n'obtiens pas plus d'écoute. Cette attitude m'étonne, je ne me l'explique pas. Quant au père, il n'est nullement préoccupé par les problèmes de son fils. À moi d'arranger ça avec un orthophoniste.

Scott est maintenant le conseiller financier officiel des membres de l'Église internationale du Christ. Un poste clé, car ces derniers sont tenus, selon les lois canadiennes, de lui communiquer le montant précis de leurs revenus et de leurs portefeuilles avant de lui en confier la gestion. Une aubaine pour les responsables de la secte.

Toutes ces magouilles, toutes ces dérives, toute cette folie me donnent envie de vomir. Je refuse que mes enfants soient pris dans ce tourbillon. Je dois à tout prix les arracher à cette spirale démoniaque et, pour cela, je ne vois plus qu'une solution : il faut que la cour de la Colombie-Britannique me permette de réaliser mon projet, qu'elle m'autorise à rentrer dix mois en France, le temps de restructurer Max et Jo, de leur réapprendre à vivre normalement.

Je soumets mes plans aux magistrats en leur expliquant la situation. Un psychologue est alors mandaté pour mener une enquête sociale. La garde des enfants dépendra de ses conclusions. J'évoque avec lui et mon nouvel avocat l'existence de la secte et son influence sur mes petits, mais mon discours les laisse de marbre, l'un comme l'autre. Liberté religieuse oblige ! L'attitude de mon défenseur me conduira à changer d'avocat. Et j'en changerai souvent.

Le comportement et les déviances de mon mari sont pourtant bien réels. Je crois même que, secte ou pas, sa compagnie serait dangereuse pour la santé physique et psychique de Maximilien et Joséphine.

Je voudrais tellement en parler à quelqu'un qui m'écoute, qui m'entende, me réconforte et m'aide ! Mais ici je n'ai personne à qui me confier, personne à qui me fier.

J'ai alerté tout le monde du danger : les médecins, le psychologue scolaire, l'orthophoniste, et même la police... Ah çà, la police, je m'en souviendrai !

Après m'avoir écoutée, un agent m'a méchamment éconduite :

– Mais madame, il a raison, votre mari, une femme n'a pas à quitter son foyer. À sa place je ferais comme lui, je vous emmerderais au maximum. Réglez ça avec lui !

En quittant les lieux, j'étais abasourdie : dans quel pays étais-je tombée ? Pas un mot de compassion, pas un conseil : c'était moi la fautive, un comble !

Et pourtant, maintenant, le racket s'ajoute au harcèlement. Début août, Scott accepte de me laisser partir. Oui, mais si ma mère lui verse quarante mille dollars ! C'est écrit noir sur blanc dans une lettre tapée par son avocat. Il veut aussi ma voiture, celle que j'ai dû acheter lorsqu'il m'a confisqué ma vieille Volkswagen au moment de mon départ de la maison. En fait, être séparé de ses enfants pendant dix mois lui importe peu, seul l'argent l'intéresse. Et moi qui lui proposais de l'héberger dans le chalet d'alpage familial pour qu'il puisse les voir... Comment ai-je pu être aussi naïve ?

Devant ce chantage abject, je me tourne de nouveau vers le consulat de France. On me réitère les mêmes conseils :

– Emmenez les enfants en France, une fois là-bas nous vous protégerons. Ne rendez surtout pas votre passeport français. Si les autorités vous le demandent, appelez-nous.

En me signifiant mon interdiction de sortie du

territoire, la justice de la Colombie-Britannique m'a confisqué mon passeport canadien. Mais j'ai conservé le français, sur lequel sont portés Maximilien et Joséphine. C'est une bonne chose, seulement ça ne règle pas tout. Malgré un grand-père contrebandier, je n'ai pas pour habitude de passer les frontières en fraude, et je ne suis pas rompue aux subtilités de la clandestinité. M'enfuir dans de telles conditions m'angoisse. Et pourtant...

En attendant que le divorce soit prononcé en novembre – car ça y est, la procédure est enfin engagée –, la médiation n'ayant pas un franc succès Scott et moi sommes invités à nous présenter le 24 août 2001 devant une magistrate, la juge Garson, qui devra se prononcer sur la garde temporaire des enfants. Elle seule peut m'autoriser à rentrer temporairement en France avec Maximilien et Joséphine.

L'attente de ce jour si important pour moi est insoutenable. Scott se montre de plus en plus odieux. Il ne respecte pas le contrat du médiateur. Persuadé que la juge va lui confier notre garçon et notre fille, il refuse de me les laisser alors qu'ils devraient demeurer chez moi. Moyennant quoi il ne me paye pas la pension alimentaire du mois d'août, et laisse à ma charge les frais de thérapie auditive de Maximilien.

Je n'en peux plus, je suis à bout.

Tous les mercredis jusqu'à ce 24 août, mon mari me dépose néanmoins les enfants pour la journée, toujours accompagné de son gourou. Ils entrent chez moi, me traitent de pute, de salope, vérifient si quelqu'un a couché sur mon matelas. Ils se conduisent en petites frappes, et vident même l'huile de mon moteur.

Je revis toute l'horreur des jours qui ont précédé notre séparation, un an plus tôt. J'ai peur pour moi, et pour mes enfants. Pourvu que la juge me les confie, le 24 août...

Sur ce point, j'obtiens satisfaction. Dans ses conclusions, le psychologue enquêteur a mentionné que mon époux ne manifeste pas un grand intérêt pour eux. Suivant ses recommandations, la magistrate, à mon grand soulagement, me confie donc la garde de Maximilien et Joséphine, n'accordant qu'un droit de visite à leur père.

En revanche, elle m'assène un formidable coup de massue en m'annonçant que je dois renoncer à mon séjour en France. Elle m'interdit de quitter le territoire.

– Il n'en est pas question. Vous êtes très intelligente et appelée à une très belle carrière au Canada sans avoir à passer par une grande école française. Je ne doute pas que tout ira très bien pour vous ici.

Je suis effondrée, et peu après Scott me met en

garde : si je passe outre, si je pars en France avec les enfants, il saisira le Tribunal international de La Haye et n'hésitera pas à faire lancer un mandat d'arrêt contre moi pour les récupérer. Je ne doute pas de ce qu'il dit.

*
**

Le dimanche 26 août, je récupère les enfants à 17 heures chez le Dr X.

Maximilien y suit sa thérapie auditive. Même le week-end. Et Joséphine a été déposée là, dans la salle d'attente du cabinet, par son père. À peine dans la voiture ils s'endorment, blancs de fatigue. Pauvres enfants, ils me font pitié. J'ai mal pour eux. Je ne peux plus supporter de les voir ainsi. Non je ne peux pas les laisser passer une année de plus entre les mains de ces monstres...

Lorsque nous sommes arrivés à la maison, je les fais manger puis je les couche. Et là, brusquement, en regardant leur petites mines fripées, tout va très vite dans ma tête. Les idées s'emballent. La pression monte. La fureur m'étouffe. La révolte explose. C'est décidé, nous partirons demain.

Pas dans une semaine, pas dans trois jours : demain.

Je passe la nuit à remplir de vêtements et de classeurs trois valises et je ne sais plus combien de cartons que je compte expédier le lendemain en

France. Découvrant ce « chantier » à leur réveil, mes enfants devinent un départ. Je leur révèle la destination et je vois que cela les perturbe. Avec toutes ces péripéties, ils ne savent plus très bien où ils en sont. Scott me les a bien cabossés, mes gamins. Je n'ose pas leur avouer que j'ai renoncé à emporter leurs jouets. Je pense que leur « *amachi* » et quelques autres pourvoiront vite à ce manque.

C'est ainsi que, le lundi 27 août 2001, nous partons pour l'Ardèche par un itinéraire compliqué mais sûr, mêlant voiture, avion et train. Itinéraire de dernière minute, improvisé en catastrophe, mais qui fonctionne à merveille.

En m'installant dans l'avion qui nous emporte vers la France, je sens un délicieux sommeil m'envahir alors qu'une hôtesse susurre :

– Nous atteindrons Paris, notre destination finale, dans...

Peu m'importe dans combien de temps. Nous partons.

– 5 –

TENTATIVE DE RAPT À SATILLIEU

Il l'a fait. Dès qu'il a découvert ma fuite et la disparition des enfants, mon mari a chargé son avocat de saisir les autorités locales. Le 6 septembre 2001, la juge Garson a lancé un mandat d'arrêt contre moi. Pour l'instant, ce mandat se limite à la seule Colombie-Britannique. Jusqu'à quand ? La magistrate m'a également inculpée d'outrage à magistrat parce que je suis passée outre son interdiction de sortie du territoire. Mais surtout, elle a confié la garde *exclusive* des enfants à Scott.

J'apprends tout cela en arrivant chez ma mère, après un voyage un peu compliqué, façon jeu de piste, afin de déjouer d'éventuelles embûches. J'appelle aussitôt mon mari pour lui dire où nous sommes, et l'informer que les enfants ne vont pas bien du tout, me dispensant d'ajouter que je ne me sens guère mieux. En réalité, je suis épuisée, morte, lessivée. Avant de raccrocher le téléphone, je conjure encore Scott de renoncer à ses poursuites, lui renouvelant ma promesse de rentrer au Canada dans dix mois, mais il ne veut rien entendre. J'essaye de lui expliquer que sa décision ne fait que compliquer la situation. En vain : il maintiendra sa plainte.

Ce mandat d'arrêt change beaucoup de choses pour moi. Avant j'avais la garde des enfants – Scott n'avait qu'un droit de visite –, avec interdiction pour moi de leur faire quitter le territoire canadien sans autorisation. Devant le danger que la secte leur faisait courir, j'ai enfreint cette restriction, j'en conviens. Mais je suis leur mère, je voulais les protéger. Et puis j'avais réellement l'intention de regagner Vancouver dans dix mois – bien que Scott en doutât –, tout serait donc rapidement rentré dans l'ordre. Mon mari aurait retrouvé ses enfants, eux leur équilibre, et nous nous serions épargné bien des tourments.

Seulement, après le mandat d'arrêt et le retrait de la garde qui me frappe, la donne n'est plus la même : si je rentre en Colombie-Britannique dans dix mois, comme je l'avais prévu, pour prendre mon poste à l'université de Victoria, je serai arrêtée à ma descente d'avion pour soustraction d'enfants à l'autorité paternelle, ce qui me donne à réfléchir. Alors que mes intentions étaient bonnes et honnêtes, je dois maintenant y regarder à deux fois avant de quitter l'Ardèche. Pas question de me retrouver en prison : qui s'occuperait des enfants ? C'est pourquoi j'exige des garanties formelles sur ce point. Mais faire comprendre cela à Scott relève de la mission impossible. Décidément, lui qui ne souhaite que mon retour, dit-il, fait vraiment tout pour me l'interdire !

Ou alors il est encore plus machiavélique que je ne le pensais, et il a tout manigancé pour que l'on en arrive à cette situation. Savait-il que je ne pourrais pas revenir au Canada, et qu'il aurait de fortes chances de récupérer ses enfants en saisissant le tribunal de La Haye ? Cela expliquerait le harcèlement intense que je subis depuis des mois. Et il pourrait même exiger une substantielle pension alimentaire. M'enlever les enfants serait alors un moyen d'obtenir de l'argent, bien plus encore que celui qu'il réclame à ma mère. Après tout, c'est là un comportement « normal » pour un adepte d'une secte !

J'expédie une lettre de cinq pages à la juge Garson dans laquelle j'expose à nouveau mes arguments, expliquant que je n'ai trouvé aucune autre solution pour soustraire mes petits aux méfaits des dangereux paroissiens, et que j'en suis désolée. J'en profite pour lui faire remarquer que l'on reproche souvent aux femmes battues de ne pas avoir le courage de partir. Moi, pour avoir osé partir, je me retrouve avec un mandat d'arrêt. C'est pour le moins paradoxal.

La missive reste sans réponse.

Malgré cette épée de Damoclès maintenant suspendue au-dessus de ma tête, je refuse de céder à la pression. Je garde Maximilien et Joséphine à mes côtés. Ils sont trop mal en point pour que je les restitue à leur père, une psychologue me le confirme. Joséphine a besoin d'aide, mais Maximilien, surtout, la préoccupe. Avant même d'entreprendre un indispensable soutien scolaire, elle veut cerner les acteurs de notre vie familiale et déterminer leurs rôles respectifs pour comprendre son déséquilibre. Nous devons faire le point tous ensemble.

Pour moi, c'est un soulagement : enfin je peux parler, enfin quelqu'un m'écoute. J'ouvre mon cœur.

Les enfants assistent à tous nos entretiens, ils jouent sur le tapis pendant que j'expose ma situation. Sans le leur imposer, la psy souhaite qu'ils entendent ma version des faits, qu'ils ne connaissent pas ou peu. À Vancouver, je préférais les tenir à l'écart de nos problèmes. Leur père, lui, ne se privait pas de les monter contre moi, les gavant de bonbons pour se donner le rôle du bon père de famille face à la vilaine maman. Pour les rallier à sa cause, il les achetait bien plus qu'il ne les aimait. J'avais compris son manège, mais je refusais d'entrer dans ce jeu dont les enfants ne pouvaient qu'être les grands perdants. Il sera toujours temps de le leur expliquer plus tard.

Ce moment est venu : maintenant il est impératif que Joséphine et Maximilien comprennent pourquoi ils ont été déracinés. À la fin de chaque séance, la psychologue les prend donc à part pour canaliser ce qu'ils ont enregistré, leur expliquer ce qu'ils n'ont pas ou mal compris, répondre à leurs angoisses et leurs interrogations.

À l'issue de ce travail il ressort que, dans le but de les protéger, j'ai peut-être caché trop de choses à Max et Jo. J'apparaissais comme la mégère, la mère fouettarde, alors que papa gâteaux était bien gentil, même s'il leur imposait des devoirs religieux pas très amusants. Il était temps de remettre les pendules à l'heure.

En les écoutant, la psychologue constate les dégâts, qu'elle consigne dans un rapport accablant pour Scott. On y lit notamment que je n'ai jamais dit de mal de leur père aux enfants, ni cherché à les détourner de lui. Malgré mes précautions, il est pourtant mentionné que Maximilien et Joséphine se trouvent dans un profond désarroi qui nécessite un suivi psychologique constant. Par courrier, le médecin invite Scott à prendre part aux séances thérapeutiques des enfants, même à distance. Sa lettre restera sans réponse.

Ce constat du médecin confirme celui fait au Canada par un expert lors de l'établissement du droit de visite, ce qui suffisait amplement pour un père qui ne s'impliquait pas dans l'éducation de ses enfants. On voit le résultat de ce désintérêt !

Je m'emploie à remettre de l'ordre dans les cerveaux chiffonnés de mes petits, mais il y a du travail. Je veille à ce qu'ils écrivent tous les quinze jours à leur père, malgré le mal qu'il leur a fait, dont ils n'ont pas conscience. Les réponses qu'ils reçoivent ne varient guère. Jamais une question sur ce qu'ils font, sur leur santé, leurs progrès à l'école, leur environnement. Toujours la même rengaine plate, monocorde, égocentrique : vous me manquez beaucoup, quand rentrez-vous ? C'est le seul souci de Scott.

Pour l'heure, nous réapprenons à vivre aux normes françaises. Maman nous a prêté une maison qu'elle a rénovée, à Satillieu, sur la route de La Louvesc. Quatre chambres, deux grandes terrasses aménagées en jardin face à dix ou douze hectares de prés où broutent les paisibles vaches d'un voisin : nous avons tout pour être heureux. Mon garçon et ma fille sont inscrits à l'école catholique de Satillieu, en bordure de l'Ay, la rivière qui serpente à travers le bourg. À la rentrée, les autres enfants les considéraient comme des Martiens : des petits Canadiens au cœur de l'Ardèche ? C'était inconcevable ! Comment avaient-ils pu débarquer ici ? Leur arrivée amusait les gamins qui les ont adoptés d'autant plus facilement qu'il n'y avait pas de barrière de langue : au Canada, Maximilien et Joséphine avaient toujours fréquenté des établissements francophones.

Maximilien, notamment, était très entouré par ses camarades de classe, et surtout par trois cousins qui se trouvaient dans la même école et se faisaient une joie de lui expliquer la vie à la française. Cet accueil chaleureux et cette intégration réussie me rassuraient, car il éprouvait de réelles et graves difficultés à s'exprimer. Incapable de construire un discours cohérent, il partait dans tous les sens et avait toutes les peines du monde à suivre en classe. L'aide et le soutien de son institutrice, mais aussi des autres élèves, le maintenaient à flot. Un rejet, un isolement, auraient été catastrophiques. Il aurait sombré à coup sûr.

Pour ma part, j'avais aussi repris le chemin des études à l'École normale supérieure de Lyon, tandis que ma mère, aide maternelle, avait quitté momentanément sa ferme pour s'installer avec nous et s'occuper des enfants lorsque je m'absentais pour suivre des cours, deux matinées par semaine. Jo et Max, qui connaissaient bien leur grand-mère, appréciaient ces moments de complicité à la campagne.

Je ne connaissais plus grand monde dans ce village où j'étais née. Douze ans d'absence, cela suffit pour que les visages s'estompent, pour que les décors changent. Beaucoup de mes copines de classe avaient quitté le pays, d'autres avaient bien changé. Je le constatais, sans y accorder trop d'importance ; mes souvenirs d'enfance et d'adolescence passaient au second plan de mes préoccupations.

Ce mandat d'arrêt lancé contre moi me fichait néanmoins une trouille bleue. Restait-il limité à la Colombie-Britannique ou pouvait-il être étendu ? Je flippais jour et nuit à l'idée que des gendarmes pussent venir m'arrêter. Sur les recommandations d'une association, j'avais contacté un avocat de Saint-Étienne, Maître Cornillon, spécialiste de la lutte contre les sectes, qui m'avait conseillé de ne pas bouger tant que je ne serais pas convoquée par la gendarmerie. En attendant ce moment, je tremblais chaque fois que j'apercevais un gendarme. J'ai découvert l'angoisse permanente, le stress de la cavale...

En novembre 2001, pour la première fois, les gendarmes de Satillieu me convoquent. Ils connaissent bien ma famille, ils savent que nous sommes « des gens bien », ce qui me rassure sans pour autant chasser toutes mes inquiétudes. Que va-t-il encore me tomber sur la tête ?

Rien de très surprenant : les gendarmes m'informent simplement que, dans le cadre des conventions de La Haye, auxquelles mon mari s'en est finalement remis, ils font une enquête afin d'établir pourquoi j'ai quitté le Canada. Dans ma déclaration, j'insiste sur le caractère violent et le danger que représente la secte pour les enfants et moi-même. Simples relais du procureur Micoulet, les enquêteurs n'en savent guère plus sur la suite des opérations, et ne sont que très vaguement au courant de mon affaire. Visiblement, cette embrouille concernant des gens du village sans histoire les embarrasse, ils aimeraient bien s'en défaire. En tout cas, ils ne semblent pas pressés de m'arrêter, et ne s'attardent pas sur le dossier.

La procédure va pourtant suivre son cours en France, c'est maintenant sûr. Je m'y attendais d'autant plus que, le 6 septembre, mon avocat canadien m'avait fait savoir qu'il ne voulait plus assurer ma défense, puisque je ne demeurais plus à Vancouver. Encore un qui me lâchait ! En conséquence, tout le dossier se déplaçait vers l'Ardèche.

Plongée dans des tonnes de documents, je prépare mon argumentation en vue d'une audience éventuelle. En premier lieu, il me faut prouver que l'Église internationale du Christ est bien une secte. Deux parlementaires français l'ont répertoriée comme telle dans un rapport remis à l'Assemblée nationale, mais j'ai besoin d'autres témoignages.

L'un de mes oncles, prêtre salésien, me met en contact avec le spécialiste des sectes au sein de l'Église catholique, afin que celui-ci me guide dans mes recherches.

Une association canadienne, Infosecte, m'apporte aussi son soutien. Joint par téléphone, un de ses représentants à Montréal n'hésite pas une seconde.

– L'ICC ? Oh oui ! C'est une secte, et l'une des plus virulentes, hyper violente ! Ne rentrez jamais au Canada, restez où vous êtes !

Tout le monde est d'accord sur ce point... sauf le gouvernement canadien qui ignore superbement ce grave problème. À Ottawa, secte connaît pas ! Ce sont des organismes religieux comme les autres qu'aucune législation ne régit. Pas un texte ne protège ceux qui se laissent prendre dans leurs filets. C'est ainsi. En France, on a procédé à la séparation de l'Église et de l'État afin que l'Église ne se mêle plus des affaires de l'État. Au Canada, on fait l'inverse : l'État ne se mêle pas des affaires de l'Église, et celle-ci a le dos large. Le terme « Église » est générique et recouvre toutes sortes de croyances, des plus respectables aux plus bouffonnes. Les autorités ne font pas de distinction, chacun peut croire ce qu'il veut, qui il veut, comme il veut. Dans l'absolu, cela témoigne d'une grande liberté d'esprit, mais c'est surtout une volonté de ne rien voir, laissant la porte ouverte aux abus et aux manipulations crapuleuses. Quand on pense que même l'Organisation du temple solaire a droit de cité, on frémit...

Les associations religieuses sont omniprésentes dans les villes canadiennes. Elles se mêlent de tout, aussi bien des détenus qui sortent de prison que des démunis qui ont besoin d'aide ou des enfants en difficulté qui ne reçoivent pas d'éducation. En contrepartie, elles exigent une adhésion totale à leurs préceptes, à leurs rites religieux et un dévouement sans faille à leur cause. Puisqu'elles en redemandent, l'État se décharge volontiers sur elles de ces problèmes lourds et coûteux. Quel bénéfice pour les finances publiques ! Du coup, pas question de mettre le nez dans leurs affaires. Pas question non plus de réglementer leurs actions, aussi controversées soient-elles. On leur octroie même un bonus : tout don versé étant déductible des impôts, ces organismes pseudo-religieux bénéficient du statut d'associations caritatives.

Ce laxisme juridico-législatif joue contre moi.

C'est pourquoi j'étoffe mon dossier au maximum, espérant convaincre les juges de ma bonne foi et du danger encouru par mes enfants. Mais je suis pessimiste car, pour les instances du tribunal de La Haye, lorsqu'il y a déplacement illicite, l'enfant doit pouvoir retourner le plus vite possible dans les conditions originelles. Et les procédures sont alors accélérées. C'est bien ce qui me fait peur : juridiquement, je suis en faute depuis l'ordonnance délivrée contre moi par la juge Garson.

Absorbée par mon dossier, rongée par l'angoisse d'une arrestation, je ne vis plus, me demandant sans cesse ce que l'avenir me réserve. Quand ma mère me parle d'aller consulter une voyante, cela ne me choque même pas. L'idée d'une telle démarche aurait dû me faire éclater de rire mais, là, je suis dans une telle détresse, face à tant d'incertitudes, que je me dis après tout pourquoi pas ? J'accomplis la même démarche que ces malades incurables qui, face la mort, s'en remettent au guérisseur qu'ils ont raillé toute leur vie. Lorsque tout fout le camp, on se raccroche aux aspérités les plus friables.

Je donne délégation à ma mère pour interroger les astres.

Elle rentre de la consultation bouleversée :

– Nathalie, cette dame m'a affirmé que Scott allait débarquer et qu'il allait enlever les enfants...

Ah non ! C'est trop, je ne vais quand même pas

croire les boniments d'une diseuse de bonne aventure. J'écourte le rapport de ma mère, je ne veux plus rien entendre...

Le lendemain je change néanmoins d'itinéraire pour conduire mes enfants à l'école. J'avais l'habitude d'emprunter une toute petite route qui me permettait de récupérer les enfants de ma sœur au passage ? Eh bien j'ai prévenu Laetitia que je ne pourrais plus lui rendre ce service, ayant trop peur d'une embuscade. Scott connaît bien la région, il y est venu plusieurs fois, il sait où chacun habite et connaît les parcours.

J'ai beau lutter de toutes mes forces contre ces prédictions à la noix, elles me trottent dans la tête, et je ne parviens pas à m'en défaire. J'emprunte donc la nationale où le trafic est plus dense, je m'y sens plus en sécurité. C'est ridicule, mais c'est ainsi.

*
**

Il fait très froid, en ce 17 décembre 2001. Un froid sec, vivifiant, qui pique le bout du nez et brûle les oreilles. J'ai bien emmitouflé les enfants avant de les faire grimper dans ma vieille Citroën AX et de les conduire à l'école. Il est à peine 8 heures, le jour n'est pas encore levé, attention au verglas. Quelques minutes plus tard, je prends à gauche, après le petit pont qui enjambe l'Ay, au cœur du village. L'école est cinquante mètres plus loin. Nous arrivons et, brusquement, je l'aperçois. Malgré l'obscurité, je distingue nettement un homme debout sur la passerelle métallique surplombant la rivière. Cet homme, c'est le gourou de Vancouver, j'en suis certaine, je le reconnaîtrais entre mille. S'il est là, Scott est avec lui, c'est sûr ! Ils viennent enlever les enfants !

Je suis tétanisée. J'ai la sensation que l'on me scie les bras, les jambes, une chape de plomb m'écrase la poitrine, je cherche mon souffle. Incapable de détacher les yeux de cette silhouette toujours immobile, je hurle aux enfants sagement assis sur la banquette arrière :

– Couchez-vous, vite couchez-vous !

Encore tout endormis, ils ne réagissent pas tout de suite, ne comprennent pas ce qui se passe. J'insiste, plus fort :

– Allez, vite, couchez-vous !

Sans plus comprendre, ils m'obéissent enfin. J'enfonce l'accélérateur comme une folle, martyrisant mon changement de vitesses. Ma pauvre AX tremble de toutes ses tôles et, malmenée, passe en rugissant devant la porte de l'école. Une grosse Volvo rouge est garée sur la gauche. Je n'ai aucune peine à la repérer, ce genre de véhicule n'est pas courant dans notre pays de bétaillères et de tracteurs. Un homme est au volant, je le vois mal, mais ce doit être mon mari. Malgré ma panique, j'entrevois aussi la plaque d'immatriculation : 75, Paris...

des « étrangers », c'est bien ça. Mon mari ne pouvait pas se douter que ce numéro pouvait le trahir.

Cent mètres plus haut, je fais demi-tour. Mes mains tremblent, mes jambes flageolent, mon cœur cogne très fort. Je repasse devant la Volvo, Scott me reconnaît-il ? Je n'en sais rien, je file d'une traite jusqu'à la gendarmerie, de l'autre côté du bourg. Persuadée que les deux hommes me poursuivent, qu'ils vont arriver, se jeter sur moi, enlever Maximilien et Joséphine, je me gare le plus près possible de la porte d'entrée, arrache les enfants de leur siège et me précipite à l'intérieur des locaux. Trois gendarmes sont présents : sauvée !

D'un jet je raconte ce que je viens de voir et dis ce que je redoute. Les militaires me calment, tentent de me rassurer, mais c'est peine perdue, je suis morte de peur. Je voudrais qu'ils arrêtent Scott et son gourou, qu'ils m'en débarrassent, les emmènent loin, très loin, mais les gendarmes sont légalistes et leur chef reste perplexe :

– C'est le père de vos enfants, en attendant une décision française, il en a la garde. Je suppose que ses papiers doivent être en règle, donc il a le droit d'être ici. Nous ne pouvons pas faire grand-chose.

Je les supplie de m'aider, de trouver malgré tout une solution, et ils acceptent de procéder à un contrôle d'identités. Rien ne l'interdit.

Escortée par mes gendarmes, je repars vers l'école. Nous y arrivons à 8 h 25 au lieu des 8 h 10 réglementaires mais, heureusement, le portail est encore entrouvert. Je m'arrête juste devant. Aussitôt, je vois mon époux et son « berger spirituel » gicler de la Volvo. Mais les gendarmes sont plus rapides, ils surgissent et les bloquent près de leur voiture. J'en profite pour m'engouffrer dans l'école et je cours déposer Max et Jo dans leurs classes.

Comme convenu, les gendarmes retardent Scott et son acolyte au maximum. Deux d'entre eux se livrent à une vérification minutieuse de leurs papiers pendant que le troisième va informer la directrice de l'école de ce qui se trame, lui recommandant de veiller particulièrement sur ces deux élèves menacés.

Dehors, un dialogue s'est établi en anglais, car ni Scott ni son gourou ne parlent un mot de français. Maîtrisant assez bien la langue de Shakespeare, un gendarme explique à mon conjoint qu'une procédure est entamée en France, et qu'il doit la respecter. Il précise que, selon la convention de La Haye, l'affaire doit passer devant le juge aux affaires familiales et que, en attendant, toute action entreprise avant la décision de justice le mettrait en tort. Le militaire lui indique encore que, s'il désire de plus amples informations, il peut se les procurer au palais de justice de Privas.

Furibards, Scott et son ami remontent dans leur voiture et s'en vont. Je fais de même après avoir remercié mes sauveurs et me rends chez ma mère.

Lorsque j'arrive à la maison, je suis encore sous le choc. Incrédule, je bredouille :

– Maman, la voyante... Elle avait raison...

Ma mère, déjà prévenue, prend contact avec un avocat alors que je pars pour le palais de justice de Privas. Je compte relater les faits au juge pour enfants mais, lorsque j'entre dans son bureau, lui aussi a déjà été mis au courant par les gendarmes. Venue lui demander des conseils, je comprends qu'il faut que je me planque jusqu'à l'audience qui sera fixée devant le juge aux affaires familiales.

J'avoue que la conception de la justice en France commence à me déboussoler. Au Canada, les autorités consulaires ne voient qu'une solution pour sauver mes enfants : filer en douce avec eux, et ici, alors qu'une menace de rapt pèse sur eux, leur salut est dans une planque. Il y a quand même un côté règlement de comptes dans tout ça. Mais je n'ai pas le choix, alors à 16 h 30 je passe prendre les enfants à l'école. Puis je rentre chez moi, fais mes bagages et nous allons nous « planquer » chez des amis, dans la région.

Le lendemain, j'ai des nouvelles de mon mari en regardant le journal de France 3. Le matin, il s'est installé sur les marches du palais de justice avec son ami Tom, et tous deux ont entonné des cantiques entrecoupés d'appels à la population, en anglais, pour réclamer la restitution de Maximilien et Joséphine.

Le procureur Micoulet n'aurait que modérément apprécié cette contestation sous ses fenêtres et les journalistes locaux rapportent avec gourmandise la prestation de « deux déjantés venus du Canada ». Je ne sais pas ce que cherchait exactement mon mari, mais en tout cas c'est loupé.

Ce qui me sidère dans tout cela, c'est qu'il veut donner l'impression de tenir à ses enfants par-dessus tout alors qu'il s'en désintéresse totalement. Je lui ai communiqué tous les numéros de téléphone utiles en France, y compris celui de la directrice de l'école. Jamais il ne lui a passé un coup de fil pour savoir comment les enfants travaillaient, comment ils se comportaient, jamais. Et là, il vient faire son numéro de père éploré en plein centre-ville. Je rêve.

Laissant Scott à ses pitreries, je me lance dans l'organisation de ma défense pour l'audience prévue à Privas, dont j'ignore toujours la date. Maître Cornillon abandonne. Il invoque son incompétence en droit international, un domaine très spécifique. J'ai un mal fou à lui trouver un remplaçant. De ma planque, je contacte d'autres défenseurs éventuels, mais il y a ceux qui m'affirment ne rien connaître aux règles de la Cour internationale de La Haye, concernant les déplacements illicites d'enfants, et d'autres qui m'avouent qu'ils n'assistent pas une femme seule, mère de famille, aux ressources limitées. Finalement, l'association « Enfance maltraitée » me dirige vers une avocate parisienne, Maître Véronique Chauveau, qui accepte de monter mon dossier et en confie la plaidoirie à un confrère local, Maître Courcelle.

En attendant, je continue à me balader avec mes enfants, d'un foyer ami à un autre, à travers le froid et les tempêtes de neige. Je n'ai plus de nouvelles de Scott. Où est-il ? Que fait-il ?

J'improvise alors un Noël de fortune chez des cousins. J'aurais aimé le passer avec ma mère, mes sœurs et leurs enfants, je le voulais chargé d'amour et de poésie, je souhaitais qu'il scintille, qu'il brille de mille feux, qu'il nous fasse oublier nos malheurs l'espace d'une soirée, mais ce sera pour une autre fois, car les circonstances ne s'y prêtent pas. Rassemblés autour d'une cheminée chez des parents plus lointains, Maximilien, Joséphine et moi partageons malgré tout avec eux la chaleur du moment et apprécions leur accueil. Même si cet imbécile de gourou a torpillé le Père Noël, la magie du rêve opère et illumine les yeux de mes enfants assis au pied du sapin. Enfin un bon moment que nous savourons.

Je fais bien de profiter de ces instants car, une semaine plus tard, le jour de l'an se présente tout autrement. Malade comme un chien, pliée en deux par un terrible mal de ventre, je paye l'accumulation d'émotions, de tension, et je file au lit sans même attendre l'arrivée de 2002.

De toute façon, que me réserve encore cette nouvelle année ? Verrai-je enfin le bout du tunnel ?

Première échéance le 7 janvier, c'est la date de l'audience au tribunal de Privas qu'un huissier me communique au tout début du mois. J'ai bien fait de ne pas traîner dans mes préparatifs. Maintenant, je n'ai plus qu'à attendre que la décision tombe. J'ai hâte de l'entendre. Et j'espère.

– 6 –

UNE MÉDIATION MINÉE

Alors que je suis sur le territoire français, la police montée canadienne, l'équivalent de notre gendarmerie, m'ordonne de rentrer au Canada. Je reçois un coup de téléphone d'un gradé m'informant qu'il est saisi de l'affaire et que M. Scott Grant lui a bien précisé que je m'étais mise en tort. Je l'admets, tout en lui indiquant que, malgré cela, je n'ai aucune intention de céder, je ne rentrerai pas au Canada sans avoir l'assurance que mes enfants et moi serons à l'abri des violences de Scott et de sa secte.

Le 7 janvier, mon mari se présente devant le tribunal de Privas. J'apprendrai par la suite qu'il comptait repartir à Vancouver, via Zurich, avec Maximilien et Joséphine. Les billets d'avion étaient pris. Son plan échoue. Le procureur l'a juste autorisé à rencontrer ses enfants avant l'audience, pendant deux heures, sur la place de notre village, devant la poste, en présence d'un médiateur. J'assiste également à cet entretien surréaliste. Sans intervenir. La réunion de famille a des allures d'échange de prisonniers. Emmitouflés dans leurs manteaux, les rares habitants qui se hâtent vers le bureau de poste nous jettent des regards à la dérobée, intrigués par cette présence insolite en plein courant d'air, au mois de janvier.

Puis vient l'heure tant attendue de l'audience. Elle ne dure pas bien longtemps et chacun reste sur sa faim. En fait, le procureur Micoulet n'a pas l'air pressé de rendre les enfants à leur père, et je lui en sais gré. Il gagne du temps et, avant de prendre une décision, demande un complément d'expertise aux autorités canadiennes. Le délibéré est initialement fixé au 21 janvier, mais il sera repoussé au 31, un juge étant malade.

À cette date, Scott fait à nouveau le déplacement et rencontre nos enfants à Satillieu, mais cette fois sous la surveillance des gendarmes. Toujours persuadé qu'il va repartir avec Maximilien et Joséphine, il m'apparaît goguenard, arrogant.

Quelques heures plus tard, il doit déchanter : le juge aux affaires familiales suit la requête du parquet et demande aux autorités canadiennes de lancer une commission rogatoire afin d'évaluer l'influence de la secte sur nos enfants et ses conséquences. C'est une démarche importante car, jusqu'alors, aucune instance juridique canadienne n'a abordé ce point. La France souhaite donc des éclaircissements.

Ce nouveau sursis que l'on m'accorde irrite Scott. Il fulmine et tempête en quittant la salle d'audience, s'en retournant bredouille au Canada.

Au mois de février, je lui propose encore un arrangement à l'amiable par téléphone. Mais il le refuse, s'accrochant à son idée fixe :

– Toi tu restes en France, mais les enfants reviennent. C'est tout.

Nous sommes dans une impasse et l'obstination de mon mari compromet mon avenir professionnel au Canada. Je téléphone à ma directrice de département à l'université Victoria pour l'informer que je ne pourrai vraisemblablement pas prendre mon poste au mois de juillet. Elle le sait déjà, mon époux s'est chargé de le lui dire, me dépeignant au passage comme une mère indigne et une criminelle de haute volée. Cela n'empêche pas ma directrice de m'accorder très gentiment un délai supplémentaire. Elle m'attendra jusqu'au mois de janvier

2003. Cette date passée, elle sera obligée de confier le poste qui m'était destiné à un autre enseignant.

Mon mari utilise vraiment toute son énergie à me mettre des bâtons dans les roues. S'il pouvait être aussi imaginatif pour éduquer ses enfants, ces derniers gagneraient beaucoup de sérénité. Devant son acharnement et la complexité des procédures, je comprends qu'au mois de janvier 2003 rien ne sera réglé, et je préfère renoncer définitivement à mon poste de maître de conférence. J'en avise ma responsable universitaire. Inutile de lui faire perdre du temps. Ma décision est importante, car elle m'éloigne un peu plus de la Colombie-Britannique.

*
**

Le complément d'enquête commandé par le procureur Micoulet parvient à la cour en novembre 2002. Mon avocat en obtient une copie qu'il me remet. En la découvrant, j'en tombe à la renverse, je ne comprends pas.

Pour donner suite à la commission rogatoire internationale, les autorités judiciaires de Vancouver auraient dû charger un expert indépendant de rencontrer mon mari et son entourage, afin d'évaluer l'état psychique de chacun, et surtout les risques que les enfants encouraient s'ils étaient livrés à la secte. C'est ce que souhaitait le procureur Micoulet. Mais rien de tout cela n'apparaît : je découvre avec effarement que le rapport a été établi par le Dr X., ce vieux médecin claudicant qui traitait les problèmes auditifs de Maximilien, et que c'est Scott qui a payé sa prétendue expertise où l'on peut lire que Joséphine et Maximilien étaient parfaitement équilibrés et très heureux avec leur père, dans une charmante maison où ils disposaient d'un jardin fleuri, d'une balançoire et de bien d'autres choses.

Je ne doute pas que la maison soit agréable : c'est moi qui ai tout acheté, tout agencé, mon conjoint ne s'étant jamais occupé de rien, même pas de tondre la pelouse.

Et je ne suis pas encore au bout de mes surprises. Je découvre ensuite que les témoins de moralité, qui encensent Scott sans exception, sont tous membres de la secte. Parmi les signataires, je retrouve les deux talibans qui habitaient si souvent avec mon époux, ceux qui gardaient les enfants.

Je savais que Scott et le Dr X. s'étaient liés d'amitié. Sauf que là il ne s'agit plus d'amitié, mais de complicité. Il y a association de malfaiteurs. Je prie alors mon nouvel avocat canadien de s'informer sur la personnalité et le passé de cet étrange médecin. Le Dr X. est en fait un prêtre défroqué de la congrégation des Oblats de Marie, des religieux à vocation missionnaire, très présents au Canada auprès des Amérindiens. Revenu à la vie civile, le Dr X. a ouvert un cabinet médical.

Nous apprenons aussi qu'il a été condamné au Canada pour coups et blessures sur mineurs. Une information capitale dans le traitement de mon dossier.

Le complot ne s'arrête pas là : le rapport, truffé de fautes d'orthographe et de syntaxe, dont nous ne possédons pas l'original en anglais, a été traduit dans un français approximatif par un autre disciple de l'Église internationale du Christ. Entre amis, pourquoi ne pas s'épauler ?

Le procureur avait souhaité un complément d'enquête, il n'obtient qu'une compilation de faux témoignages. Il ne peut se satisfaire, à mon avis, d'une si grossière mystification. Les autorités canadiennes se sont payé sa tête, c'est inadmissible.

Et pourtant, un nouveau procureur qui a remplacé M. Micoulet se satisfait du document. Il fixe au 19 décembre 2002 l'audience au cours de laquelle il décidera d'un éventuel retour de mes enfants au Canada.

Au jour dit, mon mari fait à nouveau le déplacement pour rien car, dans son jugement, le tribunal se montre toujours aussi réservé. Ce dernier ouvre même une nouvelle piste pour dénouer la crise en ordonnant de confier le dossier à la Mamif.

La Mamif, Mission d'aide à la médiation internationale pour les familles, est un organisme récent, précisément créé pour régler les conflits familiaux entre parents de nationalités différentes. En pratique, on propose aux adversaires de confier leurs dossiers à deux médiateurs de leurs pays respectifs, qui vont essayer de résoudre le problème à leur place. S'ils parviennent à une solution, ils la soumettent aux juges concernés qui n'ont plus qu'à l'avaliser. Ils n'y sont pas obligés, mais les conventions internationales le leur recommandent vivement. Sans compter qu'ils ne sont pas mécontents de clore un dossier à l'amiable. Chacun s'y retrouve. Un cursus universitaire a même été spécialement mis en place pour la formation de ces médiateurs, dont les études sont couronnées par un diplôme.

Dans l'affaire Grant-Gettliffe, le tribunal de Privas choisit donc cette solution. Avant de se prononcer sur le sort des enfants, il décide d'attendre le résultat de la médiation. Mon époux accepte cet arbitrage. Un nouveau rendez-vous est fixé au mois de février 2003 pour faire le point. En attendant, la Mamif organise une rencontre d'une demi-journée entre Scott et ses enfants.

Coup de théâtre au début février : dans un pavé de cent cinquante pages, Scott m'annonce qu'il accepte le divorce, lui qui s'y refusait jusqu'à maintenant pour des raisons religieuses. Oui, désormais, mon mari a l'accord – ô combien exceptionnel – de son gourou. Mais ce n'est pas sans conditions. Par ailleurs, cette démarche lui permet de réclamer le partage de nos biens, c'est-à-dire, entre autres, la moitié des quatre-vingt mille dollars gelés sur le compte en banque de ma mère. De quoi justifier, effectivement, une entorse aux règles si pudibondes de la secte.

La juge Garson, qui officialise notre séparation au mois de juin, donne finalement gain de cause à mon époux. Comme souvent, dans les affaires de divorce au Canada, le Canadien a raison et l'étranger doit s'écraser. Et la juge va encore plus loin : estimant qu'il engage de gros frais lorsqu'il doit venir en France, elle le dédommage en lui offrant les quarante mille dollars qui devraient me revenir dans le partage ! En quelques minutes, ma mère se voit ainsi dépouiller de ses quatre-vingt mille dollars sans que nous puissions lever le petit doigt. Incroyable... et pourtant tellement vrai !

Lors de la nouvelle audience devant le tribunal de Privas, en décembre 2003, je sens que mon affaire est mal engagée. La médiation demandée par le procureur n'a toujours pas commencé. Je m'en étais étonné auprès de la négociatrice canadienne, Pamela Jeffrey, qui m'avait fait ce commentaire par téléphone : « C'est difficile de traiter avec des gens qui pensent qu'ils ont Dieu de leur côté... » Par ailleurs, le procureur se montre agacé par cette histoire qui n'en finit pas et, pour tout arranger, mon avocat se dérobe en plein débat, estimant que son dossier n'est pas prêt. Tout va mal, je comprends que je dois m'attendre au pire et organiser ma défense au plus vite en ce sens.

J'alerte ainsi le député de ma circonscription qui me conseille de prendre contact avec les policiers des Renseignements généraux, très au fait des problèmes de sectes.

Je m'exécute, mais dans quelle aventure suis-je embarquée ! Moi, l'étudiante sage et studieuse, la mère de famille attentionnée, me voilà en train de m'en remettre aux RG, en train de sonner à la porte du discret bureau des policiers de l'ombre à Privas !

Le capitaine F.M. me reçoit et m'assure qu'il va suivre mon dossier de près. Dans un premier temps il me pousse à médiatiser mon histoire au maximum et à regrouper autour de moi le plus de monde possible au sein d'une association de défense. Gentiment, il me propose d'en établir lui-même les statuts, ce que j'accepte volontiers.

Un voisin de ma mère, colonel de l'infanterie en retraite, prend la présidence de cette association, à laquelle adhèrent tous mes amis et de nombreux habitants de la région.

Trop de déconvenues m'ont échaudée, j'ignore

encore ce que décidera le tribunal, mais j'écoute ce que l'on me dit et je prends les devants, je prépare le terrain.

Pour informer l'opinion, porter l'affaire sur la place publique, j'ai besoin de l'appui de la presse. Seulement voilà, fraîchement débarquée de mon Canada, je ne connais aucun journaliste. Je prends pourtant mon courage à deux mains et pousse la porte de l'agence du *Dauphiné* à Annonay. Et là, enfin, la chance me sourit : le journaliste, Francis Gruzelle, écoute mon histoire, dont il a déjà entendu parler lorsque les deux zigotos canadiens sont venus faire leur numéro sous les fenêtres du palais de justice de Privas. Je lui transmets les centaines de pièces de mon dossier qu'il lit attentivement. Elles lui rappellent une « affaire » sur laquelle il a beaucoup enquêté : celle de l'Ordre du temple solaire. Cette organisation sectaire avait perpétré son premier massacre d'adeptes au Canada, en 1994, avant de se manifester en France de la même façon. Malgré cela, cet ordre sinistre a toujours pignon sur rue outre-Atlantique.

Le journaliste voit dans l'ICC une secte tout aussi redoutable. Il me fait part de ses craintes en m'assurant de son total soutien. Il est d'autant plus sensible à ma démarche qu'il a lui-même connu un divorce difficile, concernant notamment la garde de son fils. Nous sympathisons rapidement.

Son écoute me fait du bien, me réconforte et surtout me rassure. Quand on se trouve, comme moi, en situation de détresse, on ne parvient plus à ajuster les mots, à relier ses idées, le discours devient incohérent parce qu'on ne sait plus mettre les phrases dans le bon ordre. On passe alors pour « un peu dérangée », ce qui ajoute encore à la confusion et au désespoir. Francis Gruzelle, lui, me laisse parler, me guide et me comprend. Il m'invite à le tenir régulièrement au courant de l'évolution de la situation.

Malgré ce soutien, j'ai un mauvais pressentiment.

Le 23 février 2004, le jugement tombe. La loi l'emporte sur l'humain : le tribunal de Privas ordonne le retour des enfants au Canada, où ils seront confiés à leur père. Les magistrats se sont appuyés sur le rapport du Dr X. pour motiver leur décision.

Malgré ce désaveu, je persiste dans mon insoumission, estimant que, pour leur bien et leur sécurité, mes enfants doivent absolument rester en France, quoi qu'en disent les juges. Je les mets immédiatement à l'abri, en lieu sûr, chez des amis, et je fais appel. J'ai néanmoins la hantise qu'on les retrouve et qu'on me les enlève. Si les gendarmes veulent s'en donner la peine, ce ne devrait pas être bien difficile pour eux de les débusquer.

Ma nouvelle avocate, Maître C.A., recommandée par le capitaine des RG, me rassure un peu sur ce point : l'ordonnance est une chose, son exécution en est une autre. Avant que Maximilien et Joséphine soient recherchés, les gendarmes doivent me convoquer pour me signifier la décision de justice et constater que je refuse de m'y soumettre. À partir de cet instant seulement ils auront la charge de retrouver mes petits. Pour le moment, ils ne peuvent pas bouger. Je pense que tout le monde attend la décision d'appel qui doit intervenir en juin.

En attendant celle-ci, Maître C.A. demande une suspension provisoire de l'exécution de l'ordonnance, ce qui me rassurerait tout à fait sur le sort de Max et Jo. Les juges doivent se prononcer sur ce point le 8 mai et j'apprends que mon mari va encore débarquer ce jour-là. Pour faire quoi ? Je crains une nouvelle tentative d'enlèvement et demande une protection policière. Le procureur me déboute sèchement :

– Les gendarmes ont d'autres choses à faire...

Le policier des RG me conseille alors de cacher les enfants, et je fais bien car c'est un véritable commando qui déboule sur Satillieu. Le bourg n'est pas très grand, tout le monde se connaît, les visages inconnus sont vite repérés. Je suis ainsi avertie que des membres de l'Église internationale du Christ venus de Lyon rôdent dans les parages. Mes amis et moi-même redoublons de vigilance. Une garde rapprochée est mise en place autour des enfants par le colonel Baert, le président de notre association. Il y a danger, l'ambiance est tendue jusqu'au prononcé du jugement.

La requête de mon avocate est, hélas, rejetée, mais mon mari ne récupère pas Max et Jo pour autant ; les juges le font toujours poireauter. Il repart comme il est venu, avec sa petite troupe. Pas tout à fait pourtant, car le hasard me joue un sale tour.

Pendant son séjour, mon mari m'a aperçue à la terrasse d'un café avec le policier des RG qui veillait sur mon dossier. Cruel coup du sort, il le croisa peu après dans l'immeuble de son avocat : incroyable coïncidence, les bureaux de son défenseur étaient installés juste au-dessus de ceux des Renseignements généraux. Bien sûr, Scott demanda immédiatement l'identité de ce voisin qui me connaissait. Démasqué, le capitaine des RG m'expliqua qu'il devait prendre de la distance, ses supérieurs n'appréciaient pas son implication dans mon affaire. C'est ce que je crois alors.

En fait, mon ange gardien était tombé amoureux de moi et me l'avait fait savoir par écrit. C'était bien ma chance ! Je l'avais éconduit avec beaucoup de délicatesse, mais je craignais que ce refus ne jette un voile sur nos rapports. Obligé de prendre du recul, il continua pourtant à aider l'association du colonel Baert. Je découvrirai plus tard qu'il ne faisait là froidement que son métier, et rédigeait régulièrement des notes sur l'action de l'association au préfet et à sa hiérarchie. Et moi qui m'émerveillais de son dévouement ! Quelle sotte !

Scott ne se présente pas pour la décision en appel qui intervient en juin 2004. J'y suis mal défendue, mon avocate ne remet même pas ses conclusions. Le capitaine F.M. les rédige à sa place dans ce que je prends alors pour un « élan de générosité ». Mais il « oublie » – est-ce volontaire ? – d'inclure une pièce capitale : les condamnations du Dr X. au Canada. Résultat, c'est pour moi un nouveau coup de poignard : le jugement du tribunal de Privas est confirmé, je dois rendre mes enfants à leur père. Et ça, jugement ou pas, je refuse de m'y soumettre.

Mon fils va très mal. Quelques semaines après cette décision de justice, il s'est entaillé le bras en colonie de vacances. Rien de bien grave, juste une estafilade superficielle de cinq centimètres, mais qui en dit long sur son état d'esprit. J'ai fait constater la blessure par un médecin, le Dr Franz Zyka, devant lequel mon fils a reconnu s'être mutilé lui-même. Il ne s'agit pas d'un accident : le praticien le consigne dans un certificat.

« Maximilien me confirme que c'est lui qui, intentionnellement, se serait coupé avec un couteau. Son comportement est relativement inquiétant, avec une certaine indifférence au monde qui l'entoure, une banalisation de toutes choses, des possibilités de fugue avec une inconscience du danger. Tout ceci traduit un grand désemparement face au monde des adultes dans lequel se trouve cet enfant. (...) Un retour au Canada entraînerait une mise en danger pour lui.

» Merci de tenir compte de ce signalement. J'insiste sur l'importance et la nécessité d'un suivi psychologique de cet enfant, pour lequel on pourrait craindre une certaine déviance, notamment du point de vue social. »

Ce constat traduit bien la réalité. Max multiplie les fugues. Comme je le surveille de près, il ne va pas très loin, mais je dois toujours être en alerte. Un jour, il a fait pire : alors qu'il jouait au foot avec des copains sur les bords de l'Ay, le ballon est tombé dans la rivière et il s'est jeté à l'eau pour le récupérer, il ne sait pourtant pas nager. Heureusement, ayant été témoin de la scène, j'ai pu le sortir de là. Mais quelle peur...

Joséphine ne va guère mieux ; elle a dû être conduite à l'hôpital après une crise de tétanie. Cette fois, c'est le Dr Claire Bony qui a dressé un constat alarmant.

« Joséphine Grant a été hospitalisée quelques heures dans mon service pour une première crise d'angoisse traduisant une souffrance psychologique manifeste extrêmement grande dans un contexte de séparation des parents. Joséphine me dit ne pas vouloir aller au Canada et souhaiter rester avec sa mère en France. Ses propos ne semblent pas manipulés par l'influence de la mère (...) qui me signale que son fils est, lui aussi, très perturbé sur le plan psychologique.

» Devant cette situation familiale douloureuse, je souhaite signaler à la justice française mes inquiétudes médicales quant à l'équilibre psychologique des enfants, et plus globalement à leur santé, s'ils devaient retourner au Canada (même si le risque vital ne paraît pas imminent, il existe cependant, du fait de la détresse psychologique majeure).

» J'insiste également sur l'importance d'un suivi psychologique et, mieux, pédo-psychiatrique, quel que soit le lieu de domicile des enfants. »

Je remets ces deux rapports au juge pour enfants de Privas, qui n'en tient aucun compte. Il ne souhaite pas s'impliquer dans le dossier. Pour lui, le jugement a déjà été prononcé. Il n'y a pas à revenir dessus. Qu'importe l'avenir de mes petits !

Pourtant Max et Jo ne cessent de me supplier de ne pas les abandonner. Dans cette histoire, ils sont tout de même les premiers concernés, et ce ne sont plus des bébés, on pourrait les écouter. Mais, a priori, leur choix n'intéresse pas la justice.

Il est cependant évident que leur environnement est beaucoup plus sain en Ardèche où ils jouent avec leurs cousins, font du sport, de la musique, et ne sont pas soumis à un bourrage de crâne mystique.

Entourée de mes fidèles amis de l'association, c'est ce que j'explique à qui veut bien l'entendre dans les réunions publiques que nous multiplions à travers tout le département. Nous louons même un stand à la foire de Satillieu pour nous exprimer et continuer à mobiliser l'opinion.

Francis Gruzelle se démène pour faire passer nos messages et annoncer nos actions dans son quotidien. Son dévouement est exemplaire et notre amitié se renforce de jour en jour. Il constitue pour moi un véritable bouclier.

Après la décision en appel, j'utilise le dernier recours possible : au mois d'août, je me pourvois en cassation. J'aurai tout essayé. De son côté, Francis Gruzelle fait jouer ses relations politiques. Il est maintenant personnellement concerné par mon affaire car, au fil des jours, nos liens amicaux sont devenus affectifs. Nous envisageons même de vivre ensemble. Si bien que Francis m'épaule maintenant sans relâche. Il fait ainsi intervenir son amie Anne-Marie Comparini, présidente du conseil régional de Rhône-Alpes, auprès du ministre de la Justice du moment, Dominique Perben, qui lui promet que le jugement ne sera pas exécuté. J'apprécie, mais je n'en reste pas moins en sursis. La menace est suspendue, mais elle demeure. Le président du Sénat, Christian Poncelet, multiplie lui aussi les interventions.

En France la situation est bloquée – j'attends le jugement de la Cour de cassation –, mais elle évolue au Canada, où mes avocats continuent à se battre. Et le 13 septembre 2004, coup de théâtre : la Cour suprême de Colombie-Britannique annule l'ordonnance du 6 septembre 2001 qui confiait la garde des enfants exclusivement au père. De même, les magistrats « annulent et lèvent » le mandat d'arrêt émis contre moi.

On repart de zéro, et Scott a perdu l'avantage. Il va désormais falloir se mettre d'accord sur la garde des enfants et leur lieu de résidence mais, cette fois-ci, leur père va devoir accepter de négocier. Quant à moi, je peux à nouveau me rendre au Canada si besoin est.

Mon mari n'a plus le choix : contraint et forcé, il accepte que les deux médiatrices proposées par la Mamif, Pamela Jeffrey à Vancouver et Marianne Souquet à Aix-en-Provence, prennent du service. Les deux femmes progressent à petits pas, et en mai 2005, un protocole d'accord se dessine. Scott vient en Ardèche avec sa mère, au mois de juin, pour en discuter les termes.

À cette époque, ma situation familiale a changé. Enceinte de huit mois, je vis maintenant avec Francis dans une grande maison de pierre à Saint-Alban-d'Ay, au-dessus de Satillieu. J'y retrouve un peu de calme et de paix. Mes enfants s'entendent bien avec mon nouveau compagnon qui les emmène dans des parcs de loisirs, des zoos ou des cirques lors de certains de ses reportages. Un jour, Joséphine lui confie :

– Depuis que tu es avec maman, elle répond à nos questions, même quand elle conduit. Avant elle n'entendait pas et, des fois, elle parlait toute seule.

C'était certainement vrai, mais je n'en avais pas conscience.

Mon ex-mari reste cinq jours en France. Il rencontre Marianne Souquet, en présence des enfants, au McDo d'Annonay. Bilingue, elle lui soumet des propositions que Scott lui promet d'étudier.

Puis il m'informe qu'il souhaite passer quelques jours de vacances dans la région avec les enfants. Je ne suis pas rassurée, j'accepte pourtant de les lui confier. Par précaution, je laisse juste mon téléphone portable à Joséphine, lui recommandant de m'appeler au moindre incident ou mouvement suspect. J'apprendrai plus tard que mon ex-mari et sa mère ont été surveillés par les policiers des RG pendant tout le périple qu'ils ont entrepris dans les gorges de l'Ardèche. Je l'ignorais lorsque je remets Max et Jo à leur père, et c'est donc avec soulagement que je les récupère cinq jours plus tard. Scott souhaiterait que je les envoie deux mois à Vancouver, mais je refuse.

Jo n'a pas été emballée par ces retrouvailles avec son père, alors que Max, lui, est plutôt content d'avoir reparlé anglais. J'enregistre leurs réactions en me gardant de tout commentaire. L'essentiel pour moi étant qu'ils soient rentrés à bon port.

*
**

Le 23 juillet 2005, j'offre à Francis notre premier enfant. Il souhaite l'appeler Jean, ou Philippe ; ce sera donc Jean-Philippe.

Pendant que je pouponne, mon ex-mari continue ses coups tordus. Qu'il ait accepté la médiation ne l'empêche pas, en novembre, d'activer la cour d'appel de Nîmes pour savoir ce qu'il advient de son jugement. Il obtient aussi de la juge Garson qu'elle lui redonne l'autorité parentale et la garde exclusive de ses enfants, contre l'avis de la Cour suprême. Il cherche même un moyen de faire condamner l'État français parce qu'il retient Max et Jo, confiant aux médiatrices qu'il espère ainsi obtenir trente mille dollars.

Sa soif insatiable d'argent et ses manigances m'exaspèrent. Je lui rappelle sans cesse qu'il a choisi la voie de la médiation et devrait se tenir à ce choix, plutôt que de courir deux lièvres à la fois. Mais rien n'y fait, il est incorrigible.

Malgré les manœuvres judiciaires de Scott, un accord nous est proposé au mois de janvier 2006 par les médiatrices. Il prévoit que, dans leur intérêt, Maximilien et Joséphine resteront à mon domicile. En revanche, leur père conservera un droit de visite, pourra leur téléphoner à sa guise et les recevoir au Canada.

Mon ex-époux accepte cette conciliation. J'entrevois enfin le bout du tunnel, il ne reste plus qu'à finaliser cet accord avant de le présenter à la justice, je n'ose y croire. Je propose alors à Scott de venir le signer en France en février, ce qui lui permettra, comme convenu, de voir les enfants. Cette solution ne lui convient pas. Il préfère que je fasse moi le déplacement en mars ou en avril, avec Joséphine et Maximilien. Cela ne me plaît guère. D'abord parce que je suis enceinte de quatre mois, j'attends mon quatrième enfant et je m'épargnerais volontiers ce long voyage. Et puis, je sens le coup fourré. Mais Scott insiste et j'ai tellement hâte d'en finir... Si je m'obstine, il risque de tout envoyer promener. Si près du but, ce serait dommage ! J'envisage donc de me rendre au Canada.

Le 14 février 2006, l'arrêt rendu à Paris par la Cour de cassation finit de m'en convaincre. En effet, considérant qu'elle n'a relevé aucune faute de procédure, elle confirme le jugement de la cour d'appel de Nîmes : les enfants seront confiés à leur père. L'imbroglio est total entre les différentes décisions de justice canadiennes et françaises. Je ne sais plus très bien où j'en suis dans ces jugements contradictoires, alors autant sceller au plus vite le pacte auquel nous sommes parvenus par la négociation.

Avant de prendre mon billet d'avion, je m'entoure tout de même d'un maximum de garanties. Les deux médiatrices, tant française que canadienne, me certifient que je ne cours aucun risque en me rendant en Colombie-Britannique. L'ambassade du Canada à Paris confirme que je peux partir tranquille, qu'il n'existe plus aucun mandat contre moi, et m'envoie par lettre recommandée avec AR l'accord de médiation pré-signé. La Cour suprême de Colombie-Britannique me donne aussi toutes les garanties.

Puisque tout le monde en est d'accord, je vais donc y aller et je profiterai au passage de mon séjour – à coup sûr le dernier – pour soutenir la thèse de mon doctorat.

Averti de mon intention par mes soins, le jury

de la faculté me fixe une date en avril 2006. J'informe donc mon mari et les médiatrices que j'irai à Vancouver à cette période.

En revanche, il est hors de question que j'emmène les enfants. Même s'il n'y a plus de danger, me dit-on, je les crois beaucoup plus en sécurité en France.

La date de mon départ est arrêtée au 10 avril 2006.

– 7 –

LES MYSTÈRES D'UN MANDAT D'ARRÊT

Lyon-Londres, Londres-Vancouver : onze heures de vol pendant lesquelles je n'ai guère trouvé le sommeil. Lorsque l'avion se pose, le 10 avril en fin de soirée, sur la piste de l'aéroport de Richmond, je réprime une dernière bouffée d'angoisse, et tente encore de me rassurer : allons, Scott a accepté la conciliation, de tous côtés on m'a certifié que je ne risquais rien, je n'ai donc aucune raison de me faire du souci. Une simple signature au bas de notre accord, puis une courte visite aux parents et amis, une thèse à soutenir et je rentre en France, laissant derrière moi toutes ces années de galère. J'essaye de me persuader de ce scénario, mais un autre, insidieux, me taraude : et si ça ne se passait pas comme ça... C'est idiot, certainement, n'empêche que je ne serai tranquille que lorsque j'aurai franchi la douane.

Quelques minutes plus tard, je parviens à cette barrière fatidique et tends mon passeport d'une main que je veux assurée au fonctionnaire de faction. Il y jette un œil, compulse son ordinateur, me regarde, puis me demande de choisir entre deux petits cartons. Sur l'un est inscrit : « objets à déclarer » ; sur l'autre : « rien à déclarer ». J'opte pour le second. Le douanier me le tend après y avoir fait une marque avec son stylo. Je n'y prête pas attention et m'éloigne rapidement, trop heureuse d'avoir franchi ce sas. Après avoir récupéré ma valise, je me dirige vers la sortie verte, réservée aux passagers qui n'ont rien à déclarer mais, alors que je vais en franchir le seuil, un policier se dirige vers moi et demande à voir « mon petit carton ». Il le prend, le retourne, l'observe attentivement, me dévisage, puis m'invite à m'orienter vers l'autre issue, celle où sont filtrés les voyageurs ayant quelque chose à déclarer. Ce n'est pas normal, des complications se profilent, et je réalise que le coup de crayon du douanier n'était pas anodin : qu'a-t-il indiqué sur mon carton ? M'a-t-il désignée, et si oui, à qui et pourquoi ? Je prends peur et risque pourtant un refus :

– Mais pourquoi ? Je vous assure, je n'ai rien à déclarer...

– Ça ne fait rien, passez tout de même de l'autre côté.

Là j'en suis sûre, les ennuis vont commencer. Je sens mes jambes se dérober sous moi. Je m'efforce de marcher d'un pas ferme, seulement j'ai toutes les peines du monde à y parvenir. Le policier qui m'a interceptée me suit discrètement, je le devine dans mon dos, je sens ses yeux inquisiteurs.

Arrivée devant l'un de ses collègues, je lui confirme que je n'ai rien à déclarer, sans le convaincre pour autant. Il me demande d'ouvrir ma valise, retourne mes effets en tous sens en me posant des questions imbéciles. Tout juste s'il ne me demande pas si de la drogue n'est pas dissimulée dans un double fond. Je ne sais pas où il veut en venir, mais il est évident qu'il cherche à gagner du temps en me faisant perdre le mien. Je jette des regards désespérés autour de moi lorsqu'une policière de forte corpulence, appelée en renfort, vient vers moi. Originaire du Québec, elle parle français avec un accent traînant très prononcé, et cette fois le doute n'est plus permis car elle me demande immédiatement :

– Vos enfants ne sont pas avec vous ?

Elle voit bien que non, à moins que son collègue les cherche dans le fond de ma valise ! La policière m'entraîne ensuite à l'écart du flot des passagers, dans un petit coin sinistre de l'aéroport, entre deux tapis roulants surchargés de valises.

Là, je lui explique que je suis venue pour régler une médiation, soutenir une thèse de doctorat, et rien d'autre. Je lui montre les documents qui en attestent. Elle les feuillette vaguement, je la sens perplexe, indécise. Après quelques secondes d'hésitation, qui me semblent une éternité, elle se décide :

– Je ne comprends rien à tout ça, mais il y a un mandat d'arrêt contre vous, je suis obligée de le faire exécuter. Comme vous êtes française vous pouvez appeler votre consulat. Restez ici, je vais chercher le numéro de téléphone.

Un mandat d'arrêt ? Qu'est-ce que c'est que cette histoire ? J'ai bien reçu le document m'indiquant qu'il était levé. Je m'en veux de l'avoir laissé en France, je n'ai même pas une copie avec moi. Je ne pensais pas avoir à me justifier. Je vais pourtant y être contrainte vu la tournure que prennent les événements.

Recroquevillée dans un coin comme une bête traquée, j'attends vingt longues minutes le retour de la Québécoise. Mille scénarios défilent dans ma tête, tous plus noirs les uns que les autres. J'imagine qu'on va me conduire dans un bureau mais il n'en est rien. Nous restons dans le hall et nous dirigeons vers un fauteuil fatigué flanqué d'un téléphone mural. C'est de là, aux yeux de tous, que je dois appeler le consulat.

Il est 20 heures, je viens d'encaisser onze heures

de vol, je suis enceinte, fatiguée, confrontée à une grave situation, et l'on ne me donne même pas un minimum de confort pour joindre la représentation française. Je dois expliquer ce qui m'arrive à la diplomate de permanence entre deux annonces de départs d'avions par haut-parleurs, des cris d'enfants, des rires, des exclamations, des appels. C'est agréable...

Dans ce brouhaha, j'obtiens cependant de ma correspondante qu'elle joigne Francis, à Satillieu, afin qu'il faxe au plus vite au consulat le document canadien officialisant l'annulation de mon mandat d'arrêt.

Cette première démarche accomplie, la policière poursuit la procédure. Alors que je suis toujours effondrée sur mon fauteuil, offerte aux yeux de tous dans la vaste salle d'arrivée, après une brève manipulation téléphonique elle me met en contact avec un avocat et un traducteur. J'ai alors droit à une sorte de téléconférence qui me saoule et m'affole. Le traducteur m'explique tout d'abord que je suis accusée « d'enlèvement parental ». Excédée, je m'insurge :

– Mais j'ai pas enlevé mes parents !

– Non, non, pas vos parents, vos enfants.

J'avais compris mais je n'ai pas pu retenir cette pique qui me défoule.

Puis l'avocat prend la parole pour bien me faire comprendre que l'accusation portée contre moi est extrêmement grave : je risque dix ans de prison. Rien que ça ! Je n'arrive pas à le croire. Il me conseille de ne parler à personne tant que je n'aurai pas un avocat. Lui-même ne peut m'assister car l'affaire lui paraît très sérieuse et il ne dispose pas d'assez de temps pour la suivre.

Dix ans de prison... Affaire très sérieuse... Et puis quoi, encore ? Mes nerfs lâchent, j'éclate en sanglots sur mon fauteuil de misère, indifférente à tout ce qui m'entoure. Ma gardienne m'a à l'œil, elle me prie de ne pas bouger en attendant qu'une patrouille vienne me chercher. Elle doit venir de loin car je reste prostrée sur mon siège jusqu'à minuit avant que mon escorte se présente. Encadrée de quatre solides gaillards, je suis conduite comme une criminelle jusqu'au poste de police de l'aéroport distant de quelques centaines de mètres à peine. On aurait tout de même pu m'y amener plus tôt, au lieu de me laisser mariner là pendant quatre heures.

À peine suis-je entrée dans les locaux de la police que le cirque recommence. Un fonctionnaire fait à nouveau l'inventaire de ma valise en me posant toujours les mêmes questions. Je suis lasse d'y répondre, mais je me soumets néanmoins à l'interrogatoire. Lorsque le policier en a terminé avec moi, il m'installe dans une cellule de garde à vue, un cachot de deux mètres sur deux, meublé d'un seul banc en ciment recouvert d'un tapis de sol et d'une couverture douteuse. Je reste assise là durant une heure, dans une position particulièrement inconfortable pour une femme enceinte, puis un policier revient me chercher pour me conduire jusqu'à un téléphone. J'ai un membre du consulat de France en ligne. Visiblement, cette femme n'apprécie pas d'avoir été réveillée en pleine nuit. D'ailleurs, elle m'informe que Francis a bien faxé au consulat le document que j'attends avec tant d'impatience, en précisant aussitôt qu'elle ne le transmettra à la police que le lendemain matin. Madame n'a pas l'intention de se déplacer jusqu'au consulat en pleine nuit, je peux bien passer quelques heures en cellule, je n'en mourrai pas.

Sa désinvolture me révolte et je déverse sur elle toute la colère contenue depuis mon arrestation. J'explose :

– Mais je ne vais pas attendre toute la nuit ici. Je n'ai rien fait de mal et c'est votre boulot de me faire sortir immédiatement, vous êtes payée pour ça.

La diplomate s'étrangle au téléphone. Je ne lâche pas le morceau pour autant, je n'ai pas envie de croupir plus longtemps dans ma cage. Elle finit par céder en pestant.

À 3 heures du matin, le document attestant que le mandat d'arrêt me concernant a été levé parvient enfin aux policiers, qui n'y comprennent plus rien et souhaitent se débarrasser au plus vite de cette histoire tordue. L'un d'eux, l'adjudant Maure, m'explique en français :

– En ce qui nous concerne, nous n'avons plus de raison de vous garder. Il y a peut-être quelque chose contre vous, mais l'affaire n'est pas de notre compétence, il faudra voir ça demain avec la police du district. Demandez à votre consulat de vérifier que tout est en ordre auprès des autorités judiciaires.

Pressentant que tout n'est pas clair dans cette affaire, les policiers se couvrent en conservant mon passeport et mon billet d'avion pour le retour. Cette précaution prise, je suis autorisée à téléphoner à un ami canadien, qui, malgré l'heure tardive, vient immédiatement me chercher à l'aéroport. Sachant que j'arrivais à 20 heures, il était très inquiet de ne pas avoir de mes nouvelles. Je passe le reste de la nuit à son domicile, qu'il partage avec sa fille de vingt-deux ans. Malgré ma fatigue, je ne trouve pas le sommeil, je somnole à peine, guettant surtout l'heure d'ouverture du consulat de France. Je veux avoir la certitude que je peux circuler librement sur le territoire canadien.

C'est une jeune femme, Cécile Walck, qui prend mon dossier en main au consulat. Suivant les recommandations de l'adjudant Maure, elle téléphone à la « Couronne », l'équivalent de notre parquet, pour obtenir confirmation de ma liberté de mouvement. Mais elle n'obtient aucune réponse.

En revanche, dans la matinée, la fille de mon ami reçoit un coup de téléphone d'un gendarme de la brigade du secteur, l'adjudant Chohan, qui la prie de me transmettre toutes les excuses des autorités pour ce fâcheux contretemps. C'est lui qui suit à présent l'affaire, et il confirme que je suis parfaitement en règle. Il m'invite d'ailleurs à venir récupérer mon passeport et mon billet d'avion le plus vite possible, poussant la délicatesse jusqu'à m'attendre toute la journée pour me les remettre personnellement alors qu'il est en repos.

Cette bonne nouvelle devrait me satisfaire, mais les incidents de la veille m'ont rendue prudente, et je demande à Cécile Walck de vérifier cette information auprès de la police. Peu après elle obtient effectivement confirmation auprès de l'adjudant Chohan.

Tout semble donc s'arranger. Je préfère tout de même bénéficier de la protection consulaire. On ne sait jamais. Cécile Walck se dévoue et passe me prendre à 16 heures, avec un chauffeur de l'ambassade, sur le campus de l'université où j'ai loué une chambre pour la durée de mon séjour.

Quelques minutes plus tard, nous sommes reçues par l'adjudant Chohan qui ne perd pas de temps en civilités et m'annonce tout de go :

– Il y a un mandat délivré contre vous, je vous

arrête. Vous pouvez appeler un avocat, dit-il en poussant un téléphone vers moi.

L'annonce tombe comme un couperet. Hébétée, je me tourne vers mon accompagnatrice, espérant son aide, un rappel aux règles diplomatiques. Cécile Walck intervient :

– Mais c'est inadmissible. Je représente l'État français et vous m'aviez donné toutes les assurances concernant madame Gettliffe. J'exige de savoir ce qu'on lui reproche.

Le gendarme ne prête aucune attention à ses propos et répond sans même la regarder :

– Vous demanderez des explications à la Couronne. Moi j'exécute.

Je sens à nouveau toutes mes forces m'abandonner. Comme la veille, je fonds en larmes et, brusquement, de violentes douleurs me déchirent le ventre. J'alerte le policier, je lui rappelle que je suis enceinte, je demande à voir un médecin. Il hésite un instant, mais en présence d'un membre du consulat il n'ose refuser et accepte de m'emmener à l'hôpital. Alors qu'à sa demande je me lève, il ouvre un tiroir de son bureau, sort une paire de menottes et se dirige vers moi. Je le regarde, incrédule. Ce n'est pas possible, ce n'est pas pour moi... Je me mords les lèvres, essayant de contenir mes sanglots. D'un geste sec, il fait claquer les bracelets autour de mes poignets. Je n'oublierai jamais cet instant qui me transforme d'un coup en criminelle. Vouloir protéger mes enfants : voilà ma seule faute, voilà ce que me reproche la justice canadienne, voilà pourquoi elle m'enchaîne.

J'ai honte de me trouver ainsi menottée, je cherche le regard de Cécile Walck. Aussi bouleversée que moi, le souffle court, pétrifiée, elle regarde mes mains.

Le policier a enfilé une veste, il salue vaguement la représentante du consulat et me pousse vers la sortie. Un de ses collègues nous accompagne à l'hôpital de Richmond.

Là, une infirmière me prend d'abord en charge. Elle vérifie que je suis bien enceinte par un test d'urine. Ensuite une femme médecin québécoise écoute le cœur du bébé et procède à un examen vaginal pour s'assurer que le col est fermé. Puis elle parle à voix basse avec l'infirmière. Je devine que toutes deux s'interrogent sur mon cas, ne comprenant pas pourquoi je suis là sous escorte. La femme médecin s'entretient alors avec l'adjudant Chohan et hoche la tête tout en me jetant des coups d'œil furtifs à la dérobée. Je me doute de ce qu'il lui dit, et elle ne s'interroge pas plus. Lorsqu'elle revient vers moi, je comprends vite qu'à ses yeux aussi je suis coupable. J'ai beau lui dire que je souffre de crampes, de contractions dans le bas du ventre, elle n'en a cure, balaye mes plaintes et me remet aux gendarmes.

C'est un médecin, une femme, peut-être une mère, et pourtant elle m'abandonne, ne réalisant pas que je suis dans une profonde détresse, que j'implore son aide. La police a parlé, la police a dit, la police a raison, la police a toujours raison. Je ne suis qu'une délinquante qui a ce qu'elle mérite ! Je constate, amère, que le corps médical ne se distingue pas du commun des mortels : il s'incline devant la force publique sans plus s'interroger. En quittant l'hôpital, j'ai un goût de cendre dans la bouche.

De retour au poste de police, on me conduit directement dans une cellule, tout au bout d'une rangée de cages. J'y passe la nuit en compagnie de drogués et de types complètement saouls qui délirent, hurlent, insultent les gardiens, rotent, divaguent, pissent le long des murs de leurs cachots. Pour tout repas, on m'apporte deux sandwiches et un jus de pomme. La lumière reste allumée en permanence, je n'arrive pas à dormir, c'est pourtant ma deuxième nuit blanche. Je porte toujours les vêtements que j'avais pour le voyage, je n'ai même pas eu le temps d'ouvrir ma valise. Je me sens sale, je me sens mal, et j'ai encore des crampes au ventre. On m'a retiré ma montre, je ne sais pas si le jour approche. Combien de temps va durer ce cauchemar ?

Quand des policiers font enfin évacuer les cellules, je suis épuisée. Les yeux me brûlent, ma tête bourdonne, le ventre me torture, mais nul ne s'en soucie.

Dans la matinée, une femme shérif m'annonce que je vais être conduite au palais de justice afin d'y rencontrer un avocat commis d'office pour me défendre. Première nouvelle : on aurait peut-être pu me demander mon avis, mais je ne relève pas. Le trajet n'est pas long : deux cents mètres à peine, mais il s'effectue malgré tout dans une bétaillère, une camionnette dans laquelle quatre cages ont été aménagées. Je suis à nouveau enchaînée pour le voyage. Cette fois, non seulement la shérif me passe les pinces, mais en plus elle m'entrave aussi les pieds avec de courtes chaînes, façon bagnard. Ne manque plus que le boulet. Devant cette déchéance, les larmes me montent à nouveau aux yeux. Je parviens toutefois à les contenir car, enfin, je lis un peu d'humanité dans le regard de la shérif. J'ai l'impression qu'elle aussi a envie de pleurer, qu'elle a compris le grotesque de cette situation. Mais elle doit faire son travail, et pour l'instant son travail l'oblige à m'entraver.

Arrivée au cul de la bétaillère, je me sens comme une dinde à qui on aurait lié les pattes. Les mains attachées devant, gênée par mes liens aux chevilles, cherchant l'équilibre, je n'arrive pas à lever les pieds pour monter les trois petites marches qui conduisent dans la camionnette. Les gardes m'ordonnent de me presser. J'ai le sentiment de ne plus appartenir tout à fait au genre humain, je me sens impuissante, petite, toute petite, humiliée.

Toujours pieds et poings liés, j'arrive quelques minutes plus tard devant mon avocat qui m'annonce que mon dossier est trop lourd pour qu'il s'en charge. Déposer immédiatement une demande de mise en liberté provisoire l'effraie car, si la première tentative échoue, je devrai attendre un mois avant de pouvoir en déposer une deuxième, et il ne veut pas prendre le risque d'un échec. Il me conseille donc de choisir un autre avocat. C'était bien la peine de me trimballer au tribunal pour entendre ça.

Dans l'histoire, je ne sais toujours pas ce que contient exactement ce mandat d'arrêt délivré contre moi, ni d'où il vient. Personne n'est en mesure de me le dire. Ou ne veut me le dire. Je suppose donc qu'on me reproche la non-présentation de mes enfants et je demande à l'avocat si ce genre de délit implique automatiquement un procès et, si oui, dans quels délais. Sur le premier point, la réponse est oui. Sur le second, elle reste plus vague, avec une certitude toutefois : ce sera long.

Ce qui signifie en clair que je vais accoucher seule, ici, en Colombie-Britannique... Une masse de plus s'abat sur mes épaules.

Après un bref passage au poste de police, je suis dirigée vers la prison de Surrey, la ville où j'habitais lorsque je suis arrivée au Canada, là où mon oncle possède son restaurant. Notre ex-restaurant. J'ai souvent entendu parler de cette prison car la mère de Scott y travaillait. Psychologue, elle avait en charge les délinquants dangereux, notamment les détraqués sexuels. Je n'imaginais pas me retrouver un jour dans ce centre de rétention à la discipline de fer, réservé aux criminels les plus durs, et que Faye, la mère de Scott, dépeignait toujours avec dégoût et horreur... Et pourtant, c'est bien là que l'on va me mener ! Pour y parvenir, on m'inflige cinquante kilomètres d'autoroute dans l'immonde bétaillère à peine éclairée par de minuscules fenêtres. Assise sur un banc en ferraille déglingué sur lequel je glisse en permanence, je maudis ce fichu voyage.

Durant le trajet, mes trois compagnons de galère me questionnent : « D'où viens-tu ? Pourquoi es-tu là ? Qu'as-tu fait ? » Mais justement : je n'ai rien fait et je ne sais toujours pas pourquoi je suis là ! À quoi bon essayer de les en convaincre, je n'en ai même pas envie. De toute façon, en prison, personne n'a jamais rien fait. Je ne veux pas leur parler, alors je reste évasive. Je voudrais tant qu'ils m'oublient, qu'ils me laissent en paix, qu'ils m'accordent un répit... Petit à petit, ils se détournent de moi. Il se connaissent, aussi ont-ils des tas de choses à se raconter depuis leur dernier séjour en prison. J'en profite pour essayer de faire le point.

J'oscille entre conscient et inconscient lorsque notre véhicule ralentit, amorce un virage, s'arrête quelques secondes, puis repart. Par les meurtrières qui servent de fenêtres, j'aperçois furtivement les hauts murs derrière lesquels mon ex-mari m'expédie. Je ne peux y croire : moi, Nathalie Gettliffe, j'entre en prison. Mais oui, en prison, et pour combien de temps ? Je n'en sais rien.

– 8 –

45 JOURS DANS UNE PRISON DE HAUTE SÉCURITÉ

Pas de comité d'accueil à la prison mixte de haute sécurité de Surrey : on me libère de mes menottes, de mon entrave, puis je franchis le portique de sécurité et suis prise en charge par une gardienne qui me conduit jusqu'à une cellule crasseuse dans laquelle elle m'enferme sans un mot. J'y reste deux heures avant d'en être extirpée sans plus d'explication et menée dans une petite pièce lugubre où trois matrones revêches m'ordonnent de me déshabiller.

Se dévêtir sous le regard d'étrangères qui observent vos moindres mouvements est déjà dégradant, mais j'ignore encore ce qui m'attend : je vais subir ma première fouille au corps, l'humiliation absolue. Je pensais avoir touché le plus profond de la honte lorsque l'on m'a entravée. Je me trompais. Tournant autour de moi, mes gardiennes me demandent de soulever mes seins, puis de me pencher en avant et d'écarter mes fesses afin qu'elles vérifient que je ne dissimule pas de drogue.

On m'a privée de mes enfants, de ma liberté, et maintenant on me confisque ma dignité. Je me sens comme une bête de foire livrée à des maquignons. Cette séance m'est insupportable, je voudrais fuir, disparaître, mais je suis prise au piège et dois me soumettre au bon vouloir de trois femmes desséchées respectueuses du seul protocole.

L'examen terminé, elles confisquent mes vêtements « civils » et m'invitent à inventorier le trousseau de taularde qu'elles déposent devant moi. Le tour en est vite fait : une culotte, un soutien-gorge sans armature, une paire de chaussettes blanches, un tee-shirt gris, un sweet et un jogging de la même couleur, et une paire de baskets noires, avec fermeture Velcro. Comme je suis nouvelle, elles sont neuves, on me le fait remarquer en me priant d'en prendre soin afin qu'elles puissent servir à d'autres, si je suis libérée ou transférée.

Seule bonne nouvelle de la journée, je suis enfin autorisée à prendre une douche avant de me changer. J'en avais grand besoin.

Puis on m'enregistre au greffe et une détenue vient me prendre en charge pour me conduire vers la cellule où je suis affectée, dans la section des femmes. Je découvre avec elle l'univers totalement déshumanisé de ce centre de détention à hauts risques. Les couloirs sont déserts, ni gardienne, ni prisonnière, c'est la règle : personne ne doit se croiser ni se voir. L'établissement est entièrement placé sous le contrôle de caméras qui transmettent les images à une tour de contrôle où veillent deux gardiennes. De leur poste de pilotage elles verrouillent et déverrouillent les portes en fonction des déplacements de chacune, s'ingéniant à éviter toute rencontre. Devant chaque porte en fer, des micros permettent de s'annoncer, d'indiquer d'où l'on vient et où l'on va.

Arrivée devant l'une d'elles avec la compagne que l'on m'a exceptionnellement attribuée pour guider mes pas, je dois décliner mon identité et préciser le numéro de ma cellule. J'annonce Nathalie Gettliffe, mais ce nom est inconnu au bataillon. Pour les autorités, je suis Nathalie Grant, épouse de Scott Grant, citoyen canadien, que je me le tienne pour dit. Cette précision étant faite, la porte ne s'ouvre pas pour autant car personne ne m'a dit où je devais aller. Mon accompagnatrice n'en revient pas :

– Tu sais pas dans quel appartement tu es ?

– Ben non.

Et nous voilà reparties en sens inverse jusqu'au greffe...

L'oubli étant réparé, bâtiment C1, je pénètre dans les entrailles de la prison. Au bout d'un long couloir, trois ascenseurs desservent les étages. Après avoir montré patte blanche, nous nous engouffrons dans l'un d'eux. Les portes se ferment et rien ne se passe, la cabine reste immobile pendant plusieurs minutes. J'imagine une panne, mais non, pas du tout, il s'agit toujours de ce problème de régulation : des détenues utilisent les deux autres cabines en même temps que nous et nous pourrions les apercevoir sur un palier. Alors nous devons attendre que la voie soit libre.

J'intègre l'appartement – c'est le terme officiel – que l'on m'a désigné et que je vais partager avec onze autres détenues. Cet appartement s'ouvre sur une pièce principale d'environ vingt mètres carrés, que l'on appelle ici une « pièce de vie ». Deux fenêtres, masquées par des barreaux en forme d'aileron, ne parviennent pas à l'éclairer, obligeant les occupantes à laisser la lumière électrique allumée en quasi permanence. Deux téléphones pendent sur un mur. Une petite cuisine est équipée d'un réfrigérateur, d'un micro-ondes et d'une cafetière électrique. Au fond, j'aperçois une salle de bains avec douche et baignoire. Même si tout n'est pas parfait, l'endroit me paraît à peu près propre. Douze femmes – moi comprise –, réparties dans six cellules, disposées en une sorte de duplex, trois en bas et trois en haut, occupent cet appartement. Tous les cachots donnent d'un côté sur une bulle de verre depuis laquelle des gardiennes, installées derrière des vitres sans tain, surveillent les prisonnières en permanence, et de l'autre sur la pièce principale. Au moindre incident, les gardiennes peuvent pénétrer directement dans l'appartement.

L'une d'entre elles apparaît quelques secondes après mon entrée dans la pièce. Plantée face à elle, mon maigre balluchon serré contre ma poitrine, je me sens totalement perdue dans un monde irréel qui ne me concerne pas. Tout cela va finir, on va venir me chercher, me rendre à ma famille, à mon Ardèche. Il y a erreur : je n'ai rien à faire ici, cette gardienne va me le dire en me raccompagnant jusqu'à la sortie... Mais non. Sans ménagement, elle m'entraîne au contraire un peu plus profondément dans l'univers carcéral, me désignant ma cellule, une pièce exiguë de quelque deux mètres sur trois, meublée sommairement de deux lits superposés, d'une armoire de misère, d'un petit bureau flanqué d'une chaise et d'une télé en équilibre sur une étagère. À l'origine, cette pièce était conçue pour une seule personne, mais la surpopulation carcérale a obligé les détenues à se serrer un peu. Autant dire qu'il n'y a pas grand-place pour ranger ses affaires.

Une femme est allongée sur le lit du bas, le nez

dans le mur. Elle ne se retourne même pas lorsque je pénètre dans son antre.

En me tendant une paire de draps, la gardienne m'indique la couche supérieure, couverte d'une sorte de tapis de sol ; c'est là que je dois m'installer. Pour y accéder, je dois grimper sur un trépied d'à peine dix centimètres de large. Dans mon état, cet exercice me paraît extrêmement périlleux, et je rappelle à la surveillante que je suis enceinte. Elle l'ignorait. D'ailleurs elle n'a pas à le savoir car les dossiers médicaux des détenues ne sont pas communiqués à l'administration pénitentiaire. Ce souci de confidentialité a un effet pervers car, s'il protège l'intimité des prisonnières, il prive aussi les gardiennes de toutes informations sur les pathologies les concernant. Sont-elles malades, droguées, alcooliques, ont-elles des troubles psychologiques, des traitements à suivre, un régime à respecter ? Personne n'en sait rien, et nul ne s'en soucie. J'ai vu une femme privée du jour au lendemain des quarante médicaments qu'elle ingurgitait tous les jours, à tort ou à raison, peu importe, en tout cas personne n'a fait le tri.

Je n'échappe pas à la règle. Que j'attende un enfant ou non ne change rien au cours des choses : c'est le lit du haut qui m'est attribué, point barre, à moi de faire attention à ne pas me foutre par terre.

La fonctionnaire partie, la porte commandée

électroniquement depuis la « bulle » se referme derrière moi. Je pense à mes enfants, à ceux que j'aime ; s'ils voyaient où je suis tombée... Fatiguée, je grimpe sur mon lit et j'essaye de dormir un peu sans y parvenir. La télévision est allumée mais je n'ose pas l'éteindre, même si ma codétenue semble toujours dormir. En fait, elle aussi se repose car elle vient de subir une opération.

À l'heure du dîner, vers 18 heures, je rejoins la cuisine. Une détenue nous apporte des plateaux-repas et nous nous installons autour de la table. Je fais connaissance de mes onze colocataires, presque toutes des Amérindiennes dans un triste état, nerveuses et agressives car, pour la plupart, sevrées de leurs drogues habituelles. J'obtiens avec peine quelques renseignements sur notre quotidien.

Nous restons enfermées dans nos cellules de quinze à dix-huit heures par jour, par tranches horaires à peu près régulières. Le matin, nous déjeunons à 7 heures, puis regagnons nos cachots de 8 h 40 à 9 h 20. Ensuite, nouvelle récréation jusqu'à 10 heures et ainsi de suite jusqu'au soir. Toutes les journées sont rythmées par ces alternances qui nous obligent à garder en permanence un œil sur la pendule avant de passer à la salle de bains ou d'entreprendre une activité quelconque. Cela pose problème à bon nombre de mes partenaires qui ne savent lire ni l'heure ni un calendrier. Je le découvre avec effarement, comprenant du même coup les difficultés qu'elles rencontrent dans la vie à cause de ce handicap et de bien d'autres. Comment voulez-vous qu'elles s'intègrent ?

L'une d'elles me racontera qu'incapable de respecter un horaire – et pour cause – elle ne peut conserver aucun travail. À sa sortie de prison, il est prévu qu'elle rencontre un conseiller de probation et d'insertion. Le jour et l'heure ont été fixés, mais elle ne sait pas à quoi ça correspond, et nul n'a songé à vérifier qu'elle maîtrisait dates et heures. Elle vit au jour le jour, au rythme du soleil, n'attendant que demain, vivant de menus trafics et de prostitution. Quant à apprendre, c'est quelque chose qu'elle n'envisage pas. Et puis avec qui ? Le soir même de mon arrivée, la pauvre fille m'a déjà demandé de lui remplir son bon de cantine et divers papiers administratifs. Pour une fois que quelqu'un sait lire et écrire dans l'appartement, elle en profite.

En revanche, elle ne se prive pas de regarder la télévision, essentiellement la nuit, malheureusement, car dans la journée, complètement déconnectée, elle dort. Malgré ma fatigue, j'ai un mal fou à trouver le sommeil. Au bruit s'ajoute la lumière blafarde d'un néon allumé toute la nuit afin de permettre aux gardes de nous surveiller.

Dès le lendemain de mon incarcération, mon nom retentit dans l'un des haut-parleurs qui diffusent jour et nuit toutes sortes de messages à travers la prison. Je suis convoquée au parloir. Je ne sais pas qui me demande, aucun dialogue n'étant possible. La voix anonyme d'une gardienne m'invite juste à me placer devant la porte de l'appartement, en attendant que celle-ci s'ouvre, puis à me diriger vers le bout du couloir. Là, autre porte et nouvel interphone :

– Qui êtes-vous ? Où allez-vous ?

– Nathalie Gett... Pardon, Grant. Je vais au parloir.

Avant d'y parvenir, je franchis ainsi plusieurs barrages qui me rappellent l'univers oppressant du roman de George Orwell, *1984*, avec ces pancartes placardées sur les murs : « Big Brother vous regarde »... J'ai le même sentiment.

Au terme de mon cheminement, je découvre ma visiteuse. C'est une avocate, Maître Gaffar, choisie par le consulat de France pour assurer ma défense. Surexcitée, elle gesticule derrière la vitre qui nous sépare, invective les gardiennes et bondit brusquement sur une table, comme si elle voulait sauter par-dessus l'obstacle, puis se ravise. Un téléphone nous permet de communiquer. Elle le saisit et m'explique qu'elle est scandalisée par les conditions de cette première rencontre. Elle estime inadmissible que nous ne soyons pas dans une pièce où nous pourrions deviser librement, et où elle pourrait me remettre des documents. Elle s'en est plainte auprès des gardes, mais en pure perte, elles n'ont rien voulu entendre.

Sans décolérer, l'avocate plaque donc sur la vitre les documents qu'elle veut me faire lire, et notamment un fax de soutien que Francis m'a envoyé. Puis elle m'annonce qu'elle va déposer le plus vite possible une demande de remise en liberté provisoire. Elle me tiendra au courant.

Je reçois une seconde visite dans la journée, mais celle-ci est plus inattendue : il s'agit du policier qui a procédé à mon arrestation. Il me dit qu'il vient s'assurer que je me porte bien. En fait, il ne cesse de poursuivre l'interrogatoire commencé dans son bureau et sonde mes intentions concernant mes enfants. Quel faux cul ! De surcroît, il tente de me faire croire qu'il m'a rendu mon passeport et mon billet d'avion avant mon incarcération alors que je suis certaine qu'il n'en est rien. J'apprendrai plus tard que la confiscation de ces documents était parfaitement illégale et qu'il les a donc rapportés en douce au greffe de la prison afin d'éviter un incident avec l'ambassade. Son manège me dégoûte car il essaye en plus de me faire passer pour une folle. Je sais bien, moi, qu'il ne m'avait rien rendu du tout.

Assez de visites pour aujourd'hui, je retourne vers mon appartement et les messages sonores me font cortège tout le long du chemin : « La détenue Machin est demandée au parloir » ; « La gardienne vingt-six est priée de... », « Un malaise est signalé à l'appartement C1... », etc., ça n'arrête pas.

Couloirs déserts... portes aveugles... interphones... boutons... micros... « Nathalie Grant, passez... » Big Brother me regarde...

Je ne suis plus femme, j'ai perdu mon identité, je suis le numéro d'écrou 06 122774, j'ai pour consigne de me taire et de filer droit.

Je découvre petit à petit mon nouveau milieu et j'apprends à m'accommoder de ses règles. Ce n'est pas simple car personne ne me communique les codes pourtant indispensables à mon quotidien, excepté quelques Amérindiennes.

Très particulier, tant par sa population que par sa vocation, le milieu carcéral est régi par des lois que j'ai d'abord du mal à assimiler parce qu'elles ne correspondent pas à mes valeurs. Je pensais que les détenues, embarquées dans la même galère, manifestaient une certaine solidarité entre elles, mais il n'en est rien. Les bagarres violentes et les vols sont fréquents, surtout dans cette prison de Surrey, me dit-on, car elle présente la particularité de recevoir des prisonnières fraîchement arrêtées, en attente de jugement ou de transfert. En général, la durée d'incarcération à Surrey est de trois jours. Moyennant quoi, comme la plupart sont droguées, elles se retrouvent en manque, ce qui les rend particulièrement agressives, méchantes, dangereuses et incontrôlables. Je dois m'y faire, apprendre à gérer les situations, les comportements.

Pour éviter d'être mêlée aux incidents, je parle peu et me fais le plus discrète possible. Quant aux vols, n'ayant pratiquement rien à moi, je ne risque pas d'en être victime. Avec le maigre pécule de soixante dollars versé sur mon compte, j'ai juste acheté quelques affaires de toilette, du papier et des enveloppes, et ça, vu le taux d'illettrisme, on ne va pas me le dérober.

Je me bats aussi pour obtenir une carte de téléphone, ce qui n'est pas une mince affaire. La première que l'on m'accorde, après plusieurs jours d'attente, est périmée, et lorsqu'on m'en remet enfin une autre, la gardienne me prévient que je ne peux pas me connecter au réseau international depuis mon appartement. Pour appeler la France, je dois me rendre dans une autre salle, au bon vouloir des surveillantes. Je dois ainsi jongler avec les neuf heures de décalage horaire et les contraintes de nos rythmes d'enfermement pour ne pas me retrouver dans un couloir à l'heure où l'on ferme les portes de ma cellule. C'est un véritable casse-tête ! Malgré mes demandes quotidiennes et mes courriers de protestation au consulat pour qu'il intervienne afin que je puisse communiquer avec ma famille, je devrai attendre six semaines avant d'entendre la voix de Francis et de mes enfants.

Un autre problème imprévu vient s'ajouter à ces difficultés : tous les téléphones de la prison sont à reconnaissance vocale. J'ai donc enregistré ma voix une fois pour toutes. Mais quand je l'ai fait, le choc émotionnel était tel que j'ai fondu en larmes. Chargée de sanglots, ma voix était déformée, aussi l'ordinateur ne la reconnaît plus lorsque je parle. Quelquefois je dois recommencer l'opération jusqu'à cinquante fois avant de pouvoir joindre mon avocate, la seule personne que je m'obstine à appeler dans un premier temps.

Coupée de ma famille par toutes ces complications techniques, je ne peux pas non plus contacter le consulat, car je tombe la plupart du temps sur un répondeur qui ne peut accepter mon appel, toujours précédé de ce message : « Vous êtes appelé par madame Nathalie Grant, détenue à la prison de Surrey, la conversation sera sur écoute, acceptez-vous la communication ? » Le répondeur ne sachant pas répondre à cette question, la ligne est systématiquement interrompue.

Je m'emploie à régler ce problème de téléphone afin de reprendre contact avec mes proches. C'est une préoccupation majeure, car j'ai besoin d'un soutien moral.

J'attendrai quatre jours qui me semblent une éternité avant que mon ami canadien soit autorisé à venir me voir au parloir. Il me donne enfin des nouvelles de mes proches, me rassure sur la santé de mes enfants. Le choc a dû être terrible pour eux. Il paraît qu'ils en veulent terriblement à leur père et le lui ont fait savoir. Mon petit Maximilien surtout m'inquiète, car je le sais fragile psychologiquement. Et mon petit bout, Jean-Philippe, qui s'en occupe ? Thierry m'assure que Francis fait de son mieux et que ma mère veille sur tout. Il m'informe également que mon compagnon remue ciel et terre pour médiatiser l'affaire, mobiliser le monde politique et l'opinion. Il y réussit fort bien. Son ami Christian Poncelet, président du Sénat, est monté au créneau, ainsi que plusieurs parlementaires.

Toutes ces nouvelles me font chaud au cœur. On ne m'abandonne pas, je suis soutenue en France et les enfants ne vont pas trop mal. En regagnant ma cellule, je me sens un peu ragaillardie.

Oubliant nos querelles, mon oncle Valentin vient également me réconforter à Surrey, ce qui me touche, je me sens moins seule.

Quelques jours après sa visite, ma demande de mise en liberté provisoire est étudiée par la cour de justice. Escortée d'un shérif, je suis amenée au tribunal et introduite dans le box des accusés, après avoir emprunté des couloirs secrets et compliqués. Lorsque je prends place, mon mari est déjà dans la salle, entouré de sa mère et des membres de son clan. Tous sourient, ravis de me voir captive. La mère de Scott me regarde intensément et je lis dans son regard : « Ça y est, on t'a eue... » Ces salauds avaient tout prévu, je suis tombée entre leurs griffes, ils ne vont pas lâcher de sitôt.

La comparution est vite expédiée. Quelques minutes de délibérés seulement, et la cour rejette ma demande. Trois raisons peuvent motiver un tel refus. La première pour risque de fuite du prévenu vers l'étranger ; la seconde pour mise en danger de tierce personne ; la troisième pour outrage à la cour. D'ordinaire, un seul de ces motifs suffit à justifier le maintien en prison, mais contre moi les magistrats ne lésinent pas, ils me chargent au maximum, additionnant les trois possibilités, à savoir : je suis française et pourrais donc filer vers mon pays ; je représente un danger pour mon mari – je me demande bien lequel et penserais plutôt le contraire ; et enfin j'ai fait outrage à la cour en ramenant mes enfants en France, passant outre l'ordonnance de la juge Garson. Fermez le ban, me voilà habillée pour l'hiver.

Le procureur Mike Luchenko, le compagnon de Faye Grant, n'a-t-il pas influencé la décision de la justice ? Sa présence ostensible à l'audience et son sourire narquois à l'énoncé du jugement me confortent dans cette idée. De même, j'ai la conviction que Faye joue de ses entrées à la prison de Surrey pour monter l'administration contre moi et orchestrer mon isolement. Je ne pense pas être parano en avançant cela. Comment expliquer que les autorités canadiennes refusent ma libération alors que 400 000 dollars ont été avancés, que le port d'un bracelet électronique leur aurait permis de garder un œil sur moi ?

De retour dans ma cellule, je dois me faire une raison : je suis encore là pour quelque temps et il me faut accepter ma pénitence dans un environnement des plus rudes, inimaginable tant qu'on n'y est pas plongé.

La nuit, je me suis habituée au néon dans les yeux, mais j'ai beaucoup plus de mal à me faire aux troubles du sommeil de ma nouvelle colocataire.

C'est une jeune femme d'origine hawaïenne. Nos relations ont mal commencé car, s'étant fracturé récemment les deux jambes, elle exigeait le lit du bas que j'avais récupéré sitôt le départ de la locataire précédente. La gardienne s'était montrée intraitable et la nouvelle locataire s'était inclinée en bougonnant. Le climat demeurait donc tendu et je n'étais pas tranquille car la prisonnière me semblait perturbée psychiquement. J'en eus confirmation dans la nuit. En proie à des cauchemars, elle hurlait toujours le nom du même homme, puis se levait en me marchant sur la tête, me tirant les cheveux en tous sens, et arpentait la petite pièce en maugréant.

La première nuit, par prudence, je n'ai rien dit, mais après la seconde, j'ai prié ma compagne d'éviter de me piétiner en se levant la nuit et lui ai demandé qui était cet homme dont elle hululait le nom. J'ai alors découvert qu'elle ne se souvenait pas de sa gymnastique nocturne, elle était somnambule. Quant à l'homme, c'était celui qui l'avait violée quand elle était enfant, un ami de son père que celui-ci avait trucidé en représailles. Je comprenais mieux pourquoi cette pauvre femme était un peu dérangée. Je n'étais pas rassurée pour autant car elle me raconta que, lors d'une crise de somnambulisme, elle s'était retrouvée une nuit dans sa chambre un couteau à la main, en train de se taillader les veines. Je suis donc condamnée à vivre avec un danger potentiel au-dessus de ma tête. Comment dormir tranquille dans de telles conditions, alors que j'en aurais pourtant tellement besoin ?

J'essaye de compenser le manque de sommeil en organisant au mieux mes journées.

J'ai trouvé à la bibliothèque un livre que je garde

à mon chevet, *Le Sens de la vie*. L'auteur y raconte comment il a survécu dans un camp de concentration en s'obligeant à rire de tout, à ne jamais baisser les bras. Il rapporte que lorsqu'un de ses compagnons de captivité refusait de se lever un matin, lui savait qu'il avait renoncé à vivre. Et sa prédiction, hélas, se vérifiait toujours.

Je m'imprègne de ce témoignage pour m'activer, même si les conditions ne s'y prêtent guère car nous sommes toujours à la merci du diktat des gardiennes.

Ainsi, un jour, alors que je reviens de téléphoner, mon appartement est en effervescence. Une détenue a commis une faute, elle a balancé une serviette hygiénique sur un plateau-repas, ce qui est aussitôt sanctionné. En présence des matonnes, toutes les autres prisonnières sont invitées à accabler la coupable. Elles le font volontiers et, après cette séance d'insultes orchestrée par une surveillante, nous devons toutes être enfermées dans nos cellules pendant vingt-trois heures. Cette punition collective m'insupporte. Je refuse de reprocher quoi que ce soit à l'accusée, ce n'est pas mon affaire, ça ne me concerne pas, et je fais remarquer aux surveillantes qu'au moment des faits je téléphonais à mon consulat depuis une autre salle, que je n'ai participé en rien à cette histoire et n'ai donc pas à être punie.

Les gardes ne le conçoivent pas ainsi : ou

j'accepte la punition collective ou je suis transférée dans un autre appartement avec toutes les conséquences que cela comporte et que j'ai vite appris à connaître. Pour toutes les détenues, une fille transférée est une fille qui a été rejetée ou extraite de son logement pour y avoir commis un vol, une agression, ou une entourloupe quelconque. Là où elle débarque, les locataires le lui font payer en la battant. Je n'ai pas envie de m'exposer à ce risque, je préfère encore l'enfermement. Pour m'être rebellée, la chef gardienne me confisque en plus la télévision ! Si elle savait ce que je m'en fiche, moi qui ai été élevée sans ! Mais je me garde bien de le lui dire. En revanche, je dénonce son comportement et l'injustice dont je suis victime dans une lettre adressée à la direction. Je ne vais sûrement pas me laisser faire, même si je sais qu'en haut lieu je ne suis pas mieux considérée.

La presse n'est pas tendre non plus avec moi. Il faut dire que Scott et sa mère mènent campagne et s'emploient à me dénigrer. Le 21 avril, je découvre ainsi un article vengeur dans un quotidien. J'y suis présentée comme une odieuse mégère voleuse d'enfants qu'il faut à tout prix punir. Pas une ligne sur ma version des faits, qui aurait pu être présentée par mon avocate, par exemple. Comme les juges, les journalistes instruisent uniquement à charge, alors que je suis muselée au fond de mon trou, dans l'incapacité de me défendre. Et ce n'est pas le consulat de France qui le fait à ma place. On ne peut pas dire que les diplomates en poste à Vancouver se démènent pour obtenir ma libération ni rétablir quelques vérités. Pas un mot et un service minimum pour me soutenir dans cette épreuve douloureuse.

Le consul de France ne se déplacera à la prison de Surrey que le 23 mai, un mois et treize jours après mon arrestation. Je sais que je ne suis pas le centre du monde, et je ne doute pas qu'il ait d'autres chats à fouetter, mais s'occuper des ressortissants français dans la mélasse fait aussi partie de son job et, en ce qui me concerne, je ne suis pas convaincue qu'il l'assume. D'autant qu'il me tiendra des propos totalement négatifs, m'assurant qu'ayant la double nationalité par mon mariage, je tombe sous le coup de la loi canadienne. Le message est clair : débrouillez-vous, la France ne peut rien faire. Entendre un discours aussi tonique réconforte quand le moral est à zéro.

Je comprends mieux pourquoi les autorités canadiennes ne se sont pas privées de m'en faire baver : dès le début de l'affaire, elles avaient testé les autorités françaises et, vu leur apathie, leur manque de réaction, elles savaient qu'elles n'avaient pas à se gêner avec moi, que mon cas n'intéressait pas la France.

Cela explique en partie que, au fil des jours, j'ai vraiment le sentiment que l'administration pénitentiaire et la justice s'acharnent sur moi, qu'elles font tout pour me compliquer la vie.

Le marathon que l'on m'impose depuis mon arrivée pour que je puisse téléphoner en France en est un bel exemple. Un jour de mai, une de mes codétenues s'en étonne. Je lui explique alors que je ne peux pas appeler depuis l'appartement, et elle éclate de rire.

– Bien sûr que si ! Qui t'a raconté ça ? Tu peux téléphoner où tu veux.

Et dans la seconde qui suit, maudissant mes gardiennes, j'obtiens une liaison avec l'Ardèche. C'est ma mère que je parviens à joindre la première. Quel bonheur d'entendre sa voix ! Enfin un peu de réconfort !

Désormais je peux appeler beaucoup plus librement, avec moins de contraintes horaires. Quelques jours plus tard, j'ai Francis en ligne. Je peux enfin parler à mes enfants, entendre leurs rires, leurs pleurs, les imaginer pendus au bout du fil, se disputant le combiné devant la cheminée.

Ce contact téléphonique me redonne espoir et force au moment où mes affaires vont pourtant mal. Les juges ne se pressent pas pour se prononcer sur une nouvelle demande de mise en liberté déposée par mon avocate. Prévue pour le 1er mai, leur décision tombe finalement le 11, et c'est pour moi un nouveau coup de massue : je reste incarcérée. Il devient évident qu'ils veulent m'amener jusqu'au procès, sans que la date en soit encore fixée. Ça risque d'être long, je dois me faire à cette idée.

La préparation de ma défense et de mes attaques meuble bien mes journées, mais je consacre également du temps à faire le ménage dans notre appartement comme je m'y suis engagée dans le cadre d'un accord sur le partage des tâches. Ainsi, je peux veiller sur la propreté des lieux, car les maladies infectieuses sont nombreuses.

Je m'impose aussi quelques moments d'indispensable détente. Pour rien au monde je ne manquerais la promenade quotidienne. Pendant quarante-cinq minutes nous arpentons le terrain de basket recouvert d'un filet pour éviter que l'on nous jette de la drogue ou une arme de l'extérieur. Ça ne vaut pas ma campagne ardéchoise, mais au moins je marche, je respire, je fais quelques mouvements d'assouplissement. J'arrive même à rire en jouant au badminton ou aux cartes avec mes compagnes. Cela me fait du bien d'oublier un peu mes tourments. Dans le même but, dès que je le peux, je m'adonne aussi, avec un professeur, à quelques séances de yoga régénératrices. Ce n'est pas un luxe, je puise dans ces méditations les forces morales mais aussi physiques dont j'ai besoin, car la grossesse commence à me peser et je tremble pour mon bébé.

Il faut dire que la nourriture n'est pas adaptée à mon état. Aucun légume et aucun fruit. Après une demande appuyée, l'institution me donne un verre de lait en poudre par jour. Un sandwich est également ajouté à ma maigre ration. Mais je faiblis de jour en jour.

Malgré mes précautions en matière d'hygiène, je peine à me protéger et à protéger mon enfant comme je le souhaiterais, restant à la merci d'infections multiples. Une maladie de peau cavale aussi de section en section sans que l'on sache très bien comment elle est arrivée ni pourquoi elle se répand. Je fais tout pour m'en prémunir, privilégiant par exemple la douche à la baignoire, mais je ne dispose pas de moyens de défense sérieux et ne peux jurer de rien, craignant par-dessus tout les séquelles d'une éventuelle maladie pour mon enfant. Un enfant que toutes ces péripéties contrarient, j'en ai la conviction et je prends peur.

Je prends peur car vers la mi-mai je ne le sens plus bouger. Craignant le pire, je demande à consulter le médecin de la prison, qui assure sa permanence quand bon lui semble. Je fais part de mes angoisses aux gardiennes, aux infirmières, qui n'en tiennent aucun compte et font suivre la procédure. Chacun attend que je sois, éventuellement, convoquée sans plus s'inquiéter de mon état. Mais comment des femmes, des soignantes pour certaines, des mères potentielles pour toutes, peuvent-elles en arriver à un tel degré d'indifférence, de méchanceté face à ma situation ? Un tel mépris de l'être humain, de la vie, me consterne, je ne parviens pas à me l'expliquer. Je conçois qu'elles me détestent vu le portrait que mes adversaires dressent de moi, mais est-ce une raison pour mettre la vie d'un enfant en danger ? Qu'a-t-il à voir, le malheureux, avec toute cette histoire ? Tout cela est affligeant ! Ce constat ne me donne pas pour autant un rendez-vous avec le médecin.

Je l'obtiens enfin le 20 mai, et la consultation commence très mal. J'ai le sentiment que le praticien n'a pas ouvert mon dossier, qu'il ne sait pas qui je suis et encore moins pourquoi je suis là. Ou alors il me provoque sciemment. Me laissant à peine le temps de m'asseoir, il me demande, sans même me regarder :

– Vous fumez ? Vous vous droguez ?

Pauvre imbécile, pauvre raté ! Non je ne fume pas et me drogue encore moins. Je suis une mère de famille élevée dans la tradition, une universitaire diplômée, doctorante, et présentement femme enceinte. Je le lui rappelle, tout en lui décrivant succinctement les conditions dans lesquelles je vis ma grossesse.

Loin de me plaindre, il me remet sèchement à ma place :

– Allons, le stress n'a jamais tué personne. Vous êtes bien mieux ici que dans la rue...

Il est évident qu'aucune information n'est remontée jusqu'à lui, ou qu'il n'y a prêté aucune attention. Afin que tout soit clair entre nous et qu'il cesse de me prendre pour une gourde, je remets quelques points sur les *i* pour qu'il comprenne que je parle le même langage que lui. Mais je n'ai pas le sentiment qu'il percute, il en reste à son schéma directeur : « Moi, docteur ; toi prisonnière », ne maîtrisant pas bien la gamme des nuances. Je renonce à lui expliquer et m'efforce de rester calme jusqu'au moment où il vérifie mon poids et m'annonce triomphalement :

– Tout va très bien, vous avez grossi...

Il me prend vraiment pour une conne. Je me souviens parfaitement de mon poids lorsque je suis entrée en prison : cent quarante-cinq livres, exactement le même qu'aujourd'hui, je n'ai pas pris un gramme, ce qui signifie que mon bébé fait un arrêt de croissance. Je le lui dis mais il n'en démord pas : j'ai grossi et comme c'est moi la détenue, j'ai tort et suis invitée à me taire. D'ailleurs, je commence à le fatiguer avec mes grands airs, il est temps que je retourne cuver ma sanction sans plus le déranger.

De retour dans mon cachot, je ne suis pas plus rassurée qu'avant la visite. Heureusement, le lendemain, je sens mon enfant bouger dans mon ventre. Pour rattraper le temps perdu, il bouge même beaucoup. Ses gesticulations me font grand mal, mais je n'en dis rien à personne, trop heureuse de le sentir en vie.

Quatre jours plus tard, le 24 mai, je dois à nouveau comparaître en cour de justice pour négocier les détails de mon procès, et notamment déterminer s'il se déroulera en français ou en anglais. Je plaide pour le français, ce qui impliquerait des jurés francophones peut-être plus réceptifs, mais ce n'est pas gagné. Il va falloir en débattre.

La veille de l'audience, alors que je cherche à joindre mon avocate, je m'aperçois que mon compte téléphonique a été vidé : plus de crédit, je suis pourtant certaine qu'il m'en restait. J'appelle une surveillante qui vient me voir et m'annonce :

– Mais non, c'est normal, on a fermé tous vos comptes, vous allez être transférée demain à Maple Ridge. Vous ne le saviez pas ?

Non, je ne le savais pas. Personne ne me l'a dit, ni la directrice, ni mon avocate, ni la juge, personne. Je suis encore déplacée comme du bétail docile. Quant à l'audience prévue : plus de nouvelles, la gardienne pense qu'elle sera certainement reportée, on n'est pas à un jour près...

J'emprunte une carte de téléphone et je réussis à contacter mon oncle Valentin afin qu'il prévienne mes proches de mon transfert. Puis j'alerte aussi le consulat. Le consul tombe des nues : il n'était au courant de rien. Toujours aussi vigilant et efficace. Nous discutons quelques minutes et, au cours de la conversation, il me glisse, presque comme un reproche, que si j'avais accepté de plaider coupable, si j'avais reconnu avoir enfreint les lois canadiennes en ramenant mes enfants en France plutôt que de m'entêter à vouloir justifier mon action, un accord aurait sûrement pu être conclu depuis longtemps.

Mais qu'est-ce que c'est que cette histoire ? Personne ne m'a jamais parlé de ça. Voilà que je découvre, au détour d'une discussion mondaine, que la France et le Canada avaient envisagé ma libération contre le retour des enfants à condition que j'admette ma faute, ce que j'aurais refusé. C'est un comble : je n'en savais rien. Et ce consul qui me l'annonce maintenant... Seule mon éducation m'empêche de lui dire ce que je pense.

Le téléphone raccroché, j'enrage contre tant d'incompétence. Et mon avocate ? Que fait-elle ? Aucune nouvelle. Nous devions pourtant nous voir le lendemain.

Je vais donc être déplacée incognito vers Maple

Ridge, à quelque trente kilomètres de Surrey. On dit l'endroit plus confortable. Les « habituées » assurent même que c'est la prison pour femmes la plus agréable de toute la province. Apprenant que j'y suis affectée, une des compagnes de mon appartement confirme :

– Tu verras, on jardine et les portes sont en bois.

Ah ! si les portes sont en bois, ça change tout...

– 9 –

LA RÉVOLTE DES ENFANTS

Francis n'est pas surpris lorsque, le 23 mai, le consulat de France au Canada lui annonce mon transfert imminent vers Maple Ridge.

La veille, un certain Messier, conseiller pour les affaires judiciaires auprès du Premier ministre canadien Harper, lui a annoncé mon prochain déménagement, l'assurant que mes conditions de détention seraient nettement améliorées. Comme il ne pensait pas que la décision interviendrait aussi vite, mon compagnon se félicite de cette promptitude. Certes, il aurait préféré une libération, mais si je suis mieux traitée, c'est déjà ça. Il communique aussitôt la nouvelle à ma mère qui n'a guère le temps de s'en réjouir.

Le lendemain, elle reçoit la visite des gendarmes

de Satillieu, qui la prient de se présenter immédiatement à leur brigade pour y rencontrer un enquêteur de la brigade des recherches, qui viendra de Tournon.

Maman s'exécute et est confrontée à un gradé fort courtois qui lui rappelle la décision de la Cour de cassation ordonnant le retour de Maximilien et Joséphine au Canada. Puis celui-ci lui demande si elle accepte de remettre les enfants à Scott Grant. Pour ma mère, que je ne parviendrai à joindre que le soir, il n'en est pas question, et elle explique pourquoi :

– Ma fille a ramené ses enfants en France pour les soustraire à leur père et à la secte à laquelle il appartient. Elle a été arrêtée à Vancouver le 10 avril. Depuis, je n'ai pas de nouvelles, mais à ma connaissance elle n'a pas changé d'avis et souhaite toujours que Max et Jo restent en Ardèche et ne soient pas soumis à l'influence néfaste de la secte. Je n'irai pas contre sa volonté. Si la justice estime qu'il faut rendre les enfants, qu'elle vienne les prendre. Moi, je ne les remettrai pas à Scott Grant, je ne trahirai pas ma fille.

À l'issue de cet entretien, le gendarme prend note de la position de maman et l'informe qu'il va la transmettre au procureur. Le même gradé refuse d'entendre Francis Gruzelle pourtant présent pendant tout l'entretien et de prendre sa déposition. Témoins, ses collègues de Satillieu font grise mine :

la perspective d'aller récupérer les enfants à la sortie de l'école, sous les yeux de tout le village, ne les enchante visiblement pas. À leur attitude, ma mère devine leur embarras, car ils savent comme tout le monde que les deux petits « Canadiens » se sont parfaitement intégrés et n'ont nulle envie de s'en retourner dans le grand Nord. Max et Jo manifestent à longueur de journée leur intention de demeurer en France et attendent leur audition, prévue pour la fin juin, devant le juge des affaires familiales qui statuera sur leur lieu de résidence.

Lorsqu'ils ont appris mon incarcération, le choc a été rude pour eux. Francis ne le leur a pas dit ouvertement, mais ils l'ont compris en entendant ses conversations téléphoniques avec des élus, des amis politiques ou les autorités canadiennes. Ce ne sont plus des gamins.

Bien qu'il soit l'aîné, mon petit rondouillard de Maximilien, accro des bonbons dont son père l'a gavé pour s'attirer ses faveurs, s'accroche encore au monde de l'enfance. Il subit plus qu'il ne contrôle. Mon compagnon ne le brusque pas et le laisse sagement jouer avec son ordinateur et ses consoles vidéo. Quant à ma jolie Joséphine, toute blonde et en longueur, elle affirme déjà, elle, sa personnalité de jeune fille. En tout cas, chacun de mes enfants comprend parfaitement la situation et la vit mal à sa façon.

Tous deux expédient des courriers vengeurs à leur père, lui reprochant de m'avoir fait jeter en prison, affirmant qu'ils ne veulent plus le voir. Dans un e-mail que Francis découvre par hasard, Joséphine écrit : « J'ai brûlé la dernière lettre que tu m'as envoyée sans même la lire. » Et son père ne trouve rien d'autre à lui répondre que : « J'espère que tu n'as pas fait ça, j'avais mis dedans quarante euros que j'étais allé changer à la banque spécialement pour toi. »

L'attitude de ma fille envers Francis a changé du jour au lendemain. Avant mon incarcération, elle traînait les pieds lorsqu'il lui donnait un ordre. Et brusquement Joséphine, pour pallier mon absence, s'improvise parfaite petite femme au foyer, endossant et assumant toutes sortes de responsabilités. Francis n'en revient pas. Sans qu'il ait jamais à le lui demander, elle l'aide à la cuisine, s'aventure dans la confection de salades ou de petits plats, houspille son grand frère pour qu'il prête la main, mette le couvert, ne rechigne pas à passer l'aspirateur, à épousseter les meubles...

Sa bonne volonté ne s'arrête pas là. Elle, qui se tenait en lisière de la nouvelle vie que je lui proposais, s'implique maintenant totalement dans son quotidien ardéchois, alors même que je ne suis plus là pour l'accompagner. Elle prend ainsi l'initiative de sortir son cocker Puchi et veille jalousement sur son demi-frère Jean-Philippe.

Le soir, impossible de l'envoyer au lit avant minuit. Francis le lui reproche car elle se lève tôt le matin, mais rien n'y fait, elle veille à ses côtés pendant qu'il prépare ma défense. Ainsi il adresse lettre sur lettre aux autorités françaises et canadiennes, sollicite le soutien des hommes ou femmes politiques amis, comme Christian Poncelet au Sénat, Annie Lhéritier à l'Élysée, attaque bille en tête le Premier ministre canadien, et dénonce l'immobilisme de notre ministre des Affaires étrangères. Et il complète le dispositif par des communiqués ravageurs qu'il expédie aux journaux et à l'Agence France-Presse, à Reuters et à l'Associated Press.

Joséphine se montre sa collaboratrice la plus fidèle et la plus dévouée dans sa démarche. Elle plonge dans les dossiers éparpillés sur le tapis, devant la cheminée, pour trouver la pièce qui manque, met de l'ordre dans la pile de documents qui s'amoncellent sur le bureau, trie, classe, range, annote, encourage et applaudit : une vraie petite guerrière qui attendrit mon compagnon. La complicité entre l'homme et la fillette se renforce au fil des jours, un lien sacré les réunit, Francis devient la bouée de ma Jo.

Se faire communiquer le mandat d'arrêt qui a permis mon arrestation constitue l'un de leurs principaux objectifs. Mes défenseurs ne l'ont toujours pas vu, ce qui est ahurissant et ne leur permet pas de préparer ma défense comme il conviendrait.

L'obtenant enfin vers la fin mai, ils le faxent à Francis. Joséphine le lit et pointe soudain le doigt sur la signature, affirmant à mon compagnon :

– Je la connais, j'en suis sûre, je l'ai déjà vue.

Elle file illico dans sa chambre où Francis l'entend fouiller de longues minutes en pestant. Puis elle revient triomphante, brandissant une lettre que son père lui a expédiée alors qu'il prenait des vacances avec un groupe d'amis proches de la secte ou bienveillants en tout cas envers ses activités. Bien sûr, tous ont signé la missive destinée à l'enfant afin de bien affirmer la priorité du collectif sur la seule autorité du père, l'omniprésence des adeptes dans la vie familiale. Leur acharnement à s'immiscer dans l'environnement de mes petits se retourne contre eux car, parmi les paraphes, ma fille retrouve effectivement celui de la personne qui a signé le mandat d'arrêt. Il s'agit de Heather Holt, une proche collaboratrice de Mike Luchenko, procureur et compagnon de la mère de Scott. Déléguée aux infractions routières, elle n'avait pas autorité pour signer le mandat d'arrêt, et pourtant elle l'a fait.

Un avocat canadien fera authentifier le document quelques jours plus tard. Cela en dit long sur le traquenard dans lequel je suis tombée, mais ne change en rien l'attitude de mes juges à mon égard. Au contraire, j'ai le sentiment que cette révélation les irrite un peu plus.

La participation active de Joséphine à la vie de la maison et à l'élaboration du dossier constitue un énorme soutien pour Francis. Il peut travailler l'esprit libre avec le nouvel avocat qui a pris nos affaires en main bénévolement, Dominique Chambon, l'un de nos amis de la région.

Concilier ses activités professionnelles et familiales tout en gérant mon dossier pose cependant problème à Francis. Jean-Philippe est encore un bébé qui demande beaucoup d'attention. Perturbé par mon départ, il dort mal, et il n'est pas bon non plus de laisser Max et Jo livrés à eux-mêmes. Ils ont besoin d'un encadrement constant car cette situation n'est pas facile à vivre pour eux.

À l'école, leurs copains se moquent d'eux sans réaliser le mal qu'ils font, parce que avoir sa maman en prison, comme ils l'ont entendu à la télé, ce n'est pas normal. On ne peut leur reprocher cette cruauté, ils sont bien trop jeunes pour analyser, mais Max et Jo vivent mal cette mise à l'index. Ma mère le comprend très bien, elle aussi a honte lorsqu'elle se rend chez les commerçants du village, même si elle sait que cela n'a pas de sens. Ma cause est noble, je suis victime d'une injustice, pourtant je suis en prison, et maman doit assumer cette image dans un petit bourg paisible où l'on se signe en cachette à cette simple évocation.

Ma mère n'y peut rien, elle imagine le doute derrière chaque silence, un témoignage de sympathie qui sonne faux. Elle devine alors la question qu'on se posera dès qu'elle aura tourné les talons : « Après tout, est-ce que l'on connaît tout sur cette histoire ? On ne jette pas les gens en prison comme ça. Les Canadiens ne sont quand même pas des sauvages. »

Certains habitants de Satillieu me croient-ils vraiment coupable ? Ce n'est pas certain, et nous ne le saurons jamais. En tout cas, vrai ou faux, c'est ainsi que ma mère le ressent. Elle le vit mal, et comprend le calvaire que doivent endurer les enfants à l'école. La situation s'éternisant alors qu'elle pensait me voir vite libérée, maman propose à Francis d'accueillir mon garçon et ma fille chez elle, afin d'être plus proche d'eux, de partager leur intimité, leurs tourments. Et puis Max et Jo seront bien mieux dans la vaste ferme où leur grand-mère va les bichonner. Ils adorent d'ailleurs cet endroit peuplé de poneys et de biquettes. Maman propose également de récupérer Jean-Philippe pour ne pas briser le fragile lien familial qui se crée et soulager Francis.

Mon compagnon accepte sans se faire prier cet arrangement qui va lui permettre de souffler et de s'organiser. Il se retrouve alors seul, son fils

Vianney, né d'un premier mariage, qui venait lui aussi lui prêter main-forte de temps à autre, étant retourné chez sa mère au même moment.

Max et Jo partagent dès lors leurs journées entre l'école, les cavalcades dans les prés et leurs heures d'entraînement à la gymnastique, où ils s'éclatent avec leurs copains de club.

Le déplacement des enfants se fait aux yeux de tous et les gendarmes en sont bien vite avisés. C'est pourquoi, sans passer par notre maison de Saint-Alban-d'Ay, le 23 mai, ils vont sonner directement chez ma mère pour lui demander quelles sont ses intentions concernant Joséphine et Maximilien. Maman aurait alors aimé leur répondre par une seule phrase : « Mes intentions ? Les rendre heureux, et pour cela leur permettre de retrouver leur mère en paix. »

Mais ce n'est pas la réponse que la justice attend.

– 10 –

DU ZOO AU SAFARI

Rien ne vaut la liberté, certes. Toutefois, dès que je débarque dans ma nouvelle prison de Maple Ridge, il me semble que ma captivité y sera plus supportable. Ce n'est pas le paradis décrit par certaines de mes codétenues de Surrey, mais les conditions de vie paraissent plus humaines. A priori, car l'avalanche de désillusions que j'ai connue depuis mon arrestation m'incite à la prudence. Les charmantes petites gares aux allures champêtres où arrivaient les déportés pendant la guerre masquaient les plus abominables des camps de concentration, je ne l'oublie pas. Je n'en suis pas là, seulement l'expérience vécue en prison de haute sécurité m'incite à la plus grande réserve. Le décor est plus attrayant, mais j'attends d'en découvrir l'envers.

Avec ses trois baraquements répartis sur un hectare de terrain, le centre de Maple Ridge fait penser à un camp militaire. D'ailleurs, pendant la Seconde Guerre mondiale, la Colombie-Britannique y avait déporté et entassé des dizaines de milliers de détenus japonais après les avoir dépouillés de leurs biens. Des milliers d'entre eux n'ont pas survécu, ce qui explique les fantômes que certaines détenues croient apercevoir la nuit.

De vastes pelouses, agrémentées de quelques fleurs, entourent néanmoins les bâtiments, et je remarque avec soulagement que des détenues circulent librement dans les allées. J'espère que je serai soumise au même régime car, à Surrey, l'enfermement et ces longs couloirs déserts où seuls résonnaient les cris des disputes s'échappant des cellules commençaient à me rendre folle.

Obligée de sacrifier à l'incontournable passage au greffe, je me soumets une fois encore de mauvaise grâce à la fouille au corps avant de toucher mon nouveau paquetage. Les vêtements sont un peu plus colorés. Pour me changer du gris souris, je reçois deux pantalons et deux hauts bleus ; une veste marron ; un manteau à gros carreaux façon bûcheron ; une culotte ; un soutien-gorge et une paire de chaussures ayant déjà servi. Puis on me mène à mon nouvel appartement. Théoriquement réservé aux mères accompagnées d'enfants ou aux femmes enceintes, il est censé être adapté à leurs besoins. Ça ne me saute pas aux yeux.

Chaque bâtiment se compose de vingt cellules guère plus grandes que celles de Surrey, habitées en doublette. Le mobilier est tout aussi sommaire mais, plaqué de chêne clair, il est plus agréable à l'œil : une penderie, une télé, une étagère, une chaise et un bureau, c'est tout. Quand il faudra ajouter un lit pour le bébé, il ne restera plus beaucoup de place.

Toutes les chambres s'ouvrent sur une vaste pièce commune où sont disposés une table, des chaises et des canapés en pas trop mauvais état. Sans être luxueux, l'endroit est à peu près propre et fonctionnel. La gardienne qui m'accompagne m'y dépose une fois encore comme un paquet de linge sale, sans la moindre indication sur le mode de fonctionnement des lieux, sur le rythme des journées. Je sais bien qu'une prison n'est pas un hôtel, mais on pourrait tout de même me donner un certain nombre d'informations, les grandes lignes de l'emploi du temps. Non, rien, strictement rien : voilà ton trou, débrouille-toi, et tu as intérêt à respecter ce qu'on ne t'a jamais dit ! C'est d'autant plus désagréable que je n'ai pas envie d'engager la conversation avec les autres occupantes des lieux.

Lorsque je me pose quelque part, et a fortiori ici, j'aime bien, dans un premier temps, observer celles qui m'entourent. Alors, ignorant tout, pendant quelques jours je suis le mouvement, reproduisant les faits et gestes de mes colocataires.

Après un court temps d'adaptation, j'en conviens, la cadence et les activités n'ont rien en commun avec Surrey : je suis passée du zoo au safari.

À Surrey, j'avais l'impression d'être un animal en cage et la conviction que les gardiennes tentaient de me dompter. D'ailleurs, l'une d'elles avait conforté ce sentiment en me disant un jour : « J'en ai marre de vivre avec des animaux... »

À Maple Ridge, je me sens toujours comme une bête captive, mais lâchée cette fois dans un parc d'attractions comme celui de Thoiry. J'ai de l'herbe autour de moi et je peux aller paître quand je veux. Merveilleux, non ? Le rêve de toute gazelle !

Levée à 7 heures, je ne suis plus tenue de regagner mon baraquement – afin d'y être comptée – qu'à midi, 16 h 30, 19 heures et 22 heures. Le reste du temps mes déplacements sont à peu près libres. Par rapport à ce que j'ai connu, ce n'est pas trop contraignant.

À l'origine, ce centre de détention pilote avait été imaginé pour accueillir les détenues en fin de peine et préparer leur réinsertion. Durant leur séjour, elles étaient donc invitées à travailler, afin de se réhabituer à la vie active. C'était même une obligation, un refus les exposant à un renvoi immédiat vers un centre classique. Parallèlement, une assistante sociale était censée leur trouver un emploi et un toit sous lequel les abriter après leur libération.

En 2006, le principe demeure mais la surpopulation carcérale le met à mal et détourne le centre de sa vocation initiale. Dans l'urgence, les autorités n'opèrent plus de sélection et ouvrent leurs portes à toutes sortes de détenues pour soulager d'autres prisons surchargées, au seuil de la rupture.

Prévu pour cent femmes, Maple Ridge en recevra durant mon séjour jusqu'à cent quarante qu'on entassera dans des mobile-homes installés à la hâte sur le domaine. Pas facile de respecter le cahier des charges dans ces conditions.

Alors que la perspective de travailler m'était plutôt agréable, je vais vite déchanter. À mon arrivée, on m'interdit de jardiner parce que j'attends un enfant. J'aurais souhaité prendre l'air, planter, récolter, cueillir. Cela dit, quand je vois en quoi consiste le « jardinage », je comprends que ce n'est pas plus mal d'y échapper. En fait, faute de temps, de moyens, d'imagination et de volonté, on demande simplement aux détenues de nettoyer les allées, de ramasser les papiers gras et d'arracher les mauvaises herbes. Un boulot de balayeur, loin de mes rêves à la Le Nôtre.

Il me faut donc choisir une autre activité et ce que l'on propose n'est pas reluisant. Je peux, par exemple, m'inscrire à l'école... où l'on m'apprendra à lire et à écrire.

Autre activité suggérée, très demandée : garder les chiens des gardiennes pour 2,50 dollars par jour. Afin qu'ils ne s'ennuient pas, seuls à la maison, beaucoup de surveillantes amènent en effet leurs toutous à la prison et les confient officiellement à des prisonnières, l'administration prélevant 2,50 dollars au passage pour la nourriture.

Cette pratique me consterne. Nos gardes-chiourme nous aboient dessus toute la journée et des filles acceptent pourtant d'aller promener leurs clébards des heures entières, de ramasser leurs crottes, de leur lancer des balles et même de les garder dans leur cachot lors des permanences de nuit de leurs maîtresses. J'aime bien les chiens, mais dans un tel contexte j'aurais à coup sûr envie de botter le train de ces pauvres bêtes.

Plus que du travail, ce sont avant tout des occupations que l'on nous propose et toutes me paraissent bien mièvres. Au lieu de s'acharner à remplir sottement mes journées, je ne comprends pas pourquoi on n'utilise pas mes compétences. Je pourrais dispenser un savoir, prendre en charge ou créer une activité, être utile. Mais pour l'administration, point d'universitaire, point de diplôme, point de bonne volonté : nous sommes toutes des taulardes, et rien d'autre.

Peu de temps après mon arrivée, une femme d'une cinquantaine d'années a été affectée dans mon bâtiment. Elle débordait de dynamisme, avait beaucoup d'idées et voulait bouleverser le train-train quotidien. Elle positivait son incarcération, y voyait des grandes vacances qu'elle entendait occuper au mieux. Disposant d'un joli pécule, elle proposa d'acheter des métiers et des petites machines à coudre pour apprendre aux femmes le tricot et la couture. Ce n'étaient pas paroles en l'air, elle comptait vraiment s'investir.

En une semaine elle a été cassée, massacrée tant par les détenues que par les gardiennes. Découvrant qu'elle avait de l'argent, les premières l'ont pillée, piochant dans son paquet de cigarettes, lui empruntant vêtements ou nourriture qu'elles ne rendaient jamais. Si la pauvre femme réclamait son bien, elle se faisait tabasser. Pour la plupart élevées dans la rue, les prisonnières avaient le coup de poing facile.

Quant aux gardiennes, cette tête qui dépassait du lot ne leur convenait pas du tout. Défense de se singulariser en prison : jeunes, vieilles, diplômées, analphabètes, pauvres, riches, toutes les prisonnières doivent entrer dans le même moule, se conformer au même règlement. Tout doit être formaté, nivelé, de préférence vers le bas. La détenue doit être dépouillée de son identité, privée de ses différences.

À Maple Ridge comme à Surrey, à la moindre initiative on se fracasse contre des murs invisibles qui vous laissent groggy et vous découragent de toutes actions. Si au moins les interdits étaient clairement définis, nous saurions à quoi nous en tenir, mais personne ne fixe les frontières, ne définit le territoire, personne ne vous donne le mode d'emploi. On vous laisse avancer et, brusquement, vous prenez un grand coup de bâton sur la tête parce que vous avez franchi une ligne jaune sans le savoir.

C'est exactement ce qui est arrivé à cette détenue pleine de bonnes intentions, et qui pensait bien faire. On l'a vite remise dans le rang et la malheureuse, attaquée de toute part, a sombré dans une profonde déprime.

Pour respecter mon engagement de travailler, je me propose d'abord pour faire le ménage dans notre bâtiment, puis je m'oriente vers une activité qui, enfin, me plaît : j'intègre un groupe de recherches que le médecin de la prison, une femme, le Dr Martin, vient de créer. Elle entend regrouper une quinzaine de détenues dans une cellule de réflexion et leur proposer de réfléchir, de s'exprimer sur des thèmes ou des mots choisis en commun, puis d'aller en débattre à l'extérieur de la prison, soit dans des collèges, des lycées, des universités, soit devant des juristes, des médecins, des chercheurs.

Nos réunions me passionnent car, pour la première fois, il me semble que mes codétenues, presque toutes amérindiennes de condition extrêmement modeste, ont le sentiment d'exister : on les écoute, on leur pose des questions, on s'intéresse à leur vécu, à leur ressenti, à leurs problèmes, à la façon dont elles les abordent. Le thème de nos discussions est très variable car nous avons instauré un système qui convient à toutes. Chacune écrit un mot dont elle souhaite débattre sur un petit papier qu'elle glisse dans un sac posé au centre de la table. Puis l'une d'entre nous tire au sort un papier et nous voilà parties sur « pardonner », « la paix », « le temps », « l'identité », « la nationalité », « la disponibilité »... Les thèmes sont infinis et tous nous régalent. Volontairement, le Dr Martin n'assiste pas à toutes nos séances de travail. Elle souhaite que nous nous organisions en autogestion et cela fonctionne.

Un jour, une Amérindienne est arrivée à la réunion avec une plume d'aigle. Elle nous expliqua que la détenue qui avait la parole devait tenir cette plume et que nulle n'avait le droit de l'interrompre tant qu'elle la tenait. C'était une coutume ancestrale d'une tribu indienne. Enfin j'avais l'impression d'apprendre quelque chose, de ne pas perdre mon temps.

Je découvrais mes partenaires sous un angle sympathique. J'avais déjà noué des liens avec quelques-unes mais ils étaient fragiles et pouvaient se rompre à tout moment, suite à une parole malheureuse, une remarque mal comprise. Ces femmes-là sont des écorchées vives, toujours sur la défensive, prêtes à vous sauter dessus pour une peccadille tellement elles ont été mordues. Établir un dialogue avec elles dans notre pièce commune relevait de la diplomatie et exigeait une attention soutenue afin d'éviter toute maladresse.

Lors de nos réunions autour du Dr Martin, elles révèlent une autre personnalité, elles se libèrent, paraissent soulagées d'évoquer leur passé souvent atroce. Je porte alors un autre regard sur elles et en arrive, quelquefois, à les trouver admirables pour avoir su faire face, à leur façon, à l'adversité qui les a accablées. Pour lutter, pour s'en sortir, elles n'ont pas suivi nos schémas, n'ont pas emprunté nos chemins, n'ont pas agi selon nos normes ; elles se sont battues à mains nues au fond de la fosse dans des combats sans pitié où la vie ne pèse pas plus qu'une bulle. En écoutant leur récit, je les comprends mieux et je regrette d'autant plus de les voir ainsi habitées par le crime, bousillées par l'alcool, la drogue, le vice. N'ayant connu que la violence et les coups, comment pourraient-elles offrir la paix et l'amour ? Encore faudrait-il qu'elles sachent ce que c'est. Du fond de ma cellule, je réfléchis souvent à ce que doivent vivre mes enfants. Ma présence et mon affection manquent certainement au petit comme aux deux grands, alors j'en veux à la Terre entière de leur infliger cette privation, de les ballotter dans cette tempête de haine. J'ai connu une enfance sereine, heureuse, entre deux parents qui s'aimaient, je sais ce qu'est le bonheur et j'aimerais tant le leur faire découvrir, le partager avec eux. Mes pauvres compagnes de détention ignorent cette plénitude, ne la supposent même pas. Je me demande souvent quelle signification a pour elle le mot « bonheur ». Lorsque nous l'évoquons dans nos entretiens de groupe, je constate un vide sidéral, des approximations, la recherche désespérée d'un souvenir de fête, une fête où l'on a bien rigolé et bu à rouler sous la table.

Le discours de ces femmes, leurs récits intéressent au plus haut point les chercheurs qui les reçoivent à l'extérieur de la prison. C'est pour eux un formidable creuset d'informations, qui leur offre un vaste champ d'investigations dans un monde qu'ils ne soupçonnaient pas. Leur intérêt pour ces rencontres explique que l'expérience du Dr Martin soit maintenant reproduite dans le monde entier.

L'impact de ces conférences se ressent sur les prisonnières qui y participent. Je les observe avant leur départ pour le monde savant. Elles m'attendrissent : après avoir quitté leurs vêtements de bagnardes, elles hésitent entre deux robes « civiles », retrouvant instantanément la féminité naturelle oubliée derrière les grillages. Ces sorties nous font à toutes un bien fou, nous apportent une bouffée d'oxygène. Mes compagnes amérindiennes y retrouvent une identité, leur dignité. Pour ma part, ces parenthèses m'autorisent un retour dans mon univers, celui auquel on m'a arrachée. Enfin je peux parler. On m'écoute, on entend mon message, on l'analyse, on me comprend.

Cela peut paraître élémentaire, et pourtant ce n'est jamais le cas en prison. Mes rapports avec les gardiennes sont des plus tendus, voire conflictuels. Habituée à l'écoute, à la courtoisie et la bienséance, je ne peux admettre leur hostilité envers moi, leur comportement de brutes inexcusable. Que les détenues soient violentes, agressives, je le conçois, mais elles ? Je ne leur demande pas de me materner, juste de me respecter et de faire preuve d'un minimum d'humanité.

Ainsi pour le dîner, les portes de la cafétéria ouvrent à 17 heures. Seulement un soir, retenue au téléphone par une discussion importante avec un membre du consulat de France, je me présente à la cantine avec sept minutes de retard. Aussitôt une énorme matrone obèse et disgracieuse m'en interdit l'entrée. Je lui explique les raisons de mon retard, lui rappelle que je suis enceinte, mais rien n'y fait, elle n'en démord pas, je serai privée de repas ce soir-là, et le bébé que je porte également.

Le lendemain midi, la même gardienne veille sur le réfectoire. Des hamburgers sont au menu. Mes voisines de table les avalent goulûment en claquant la langue. Je ne peux avaler à cette vitesse car, si je mange trop à la fois, mon bébé étant déjà assez haut, j'éprouve des remontées gastriques. Je prends donc mon temps. Alors que les autres commencent à quitter le réfectoire il me reste la moitié de mon hamburger à manger. Les détenues chargées de l'entretien me tombent alors dessus :

– Allez, tu dégages, nous on doit nettoyer !

Je n'ai rien mangé la veille au soir, j'ai faim, mon petit aussi, j'en suis persuadée, mais je dois m'exécuter au risque d'être virée manu militari, je n'en doute pas. Je fais alors l'inconcevable : j'enveloppe le reste de mon hamburger dans une serviette en papier que j'emporte avec moi.

L'immonde gardienne a repéré la manœuvre et me bloque à la porte.

– Il est interdit de sortir de la nourriture.

À nouveau je lui détaille ma situation, mes soucis de femme enceinte : j't'en fous, elle me répond de faire une demande auprès des services de santé et me traite comme une moins que rien. Dans un sursaut d'orgueil, je la prends de haut, la prie de me parler sur un autre ton et lui jette mon bagage universitaire à la figure. Quelle prétention de ma part ! Mais qu'est-ce que j'espérais ? Des excuses ? De la considération ? Pour toute réponse, la matonne m'attrape par le bras et m'indique le fond du réfectoire :

– Pour moi t'es qu'une taularde. Si t'es ici, c'est qu'y a une bonne raison et que tu l'as bien cherché. Alors tu vas foutre ta viande à la poubelle et fissa.

J'en aurais pleuré de rage. Tout à coup, un flash me traverse l'esprit : cette surveillante donne en garde à des détenues deux chiens aussi graisseux qu'elle. Qu'elle me les confie donc : je les passerais au barbecue. Pauvres bêtes... Voilà à quelles pensées aussi fulgurantes que ridicules me conduisent l'intolérance et la sottise de cette gardienne !

En attendant, je dois regagner ma cellule le ventre à moitié vide et je rapporte par écrit cet incident inadmissible à la directrice de la prison. Je n'obtiens pas de réponse mais, est-ce un hasard, je ne verrai plus jamais cette détestable matonne.

Sans être aussi odieuses, les autres ne valent guère mieux. Ainsi, j'ai beau leur signaler que mon ventre s'arrondit, que l'élastique de mon pantalon me serre de plus en plus, qu'il me fait mal et représente un danger pour l'enfant, elles s'en moquent. Piquant une colère retentissante, je finis par exiger une robe de grossesse. Cette demande ne me paraît pas exorbitante, elle est pourtant ressentie comme un caprice de diva :

– Une robe de grossesse ? Mais personne n'en a jamais eu ici.

Et alors ? Je me fiche que personne n'en ait jamais réclamé. Les autres font comme elles veulent, moi j'estime que ce vêtement spécifique m'est indispensable, et j'insiste pour qu'on me le procure.

J'attendrai quinze jours avant qu'on me l'apporte comme une offrande exceptionnelle, fruit de la générosité directoriale. Tout ce cirque et ce temps perdu pour une espèce de robe de bure que l'on aurait pu tailler dans un sac à patates... Je ne peux m'empêcher de le faire remarquer à une responsable de l'administration pénitentiaire qui s'étonne alors, la bouche en cœur :

– Pourquoi vous ne l'avez pas demandée plus tôt, cette robe ?

– Je n'ai fait que ça !

– Mais à qui l'avez-vous demandée ?

– Aux gardiennes tiens, pardi.

– À votre gardienne référente ?

Je tombe des nues. Incarcérée à Maple Ridge depuis plusieurs semaines, j'apprends incidemment qu'une gardienne particulière est attachée à chaque détenue. L'une d'elles m'a donc été attribuée. Première nouvelle, car elle s'est bien gardée de se manifester malgré tous les problèmes que j'ai rencontrés. Mieux : je dispose aussi d'un correspondant au sein de l'administration. Je suis bien aise d'en être informée car il se montre tout aussi discret et effacé que mon « ange gardienne ». Ces deux-là, au moins, je ne les ai pas souvent sur le dos ! Enfin, mon bébé et moi nous sentons plus au large dans notre robe neuve et c'est là l'essentiel. Je profite tout de même de cette occasion pour demander à pouvoir faxer des documents en France. Ma requête est acceptée, ce qui va me permettre de communiquer beaucoup plus facilement avec mes proches, mes avocats et le consulat, donc faciliter la gestion de mon dossier.

Quelques jours plus tard, j'obtiens un rendez-vous avec le nouveau médecin, aussi distant et désagréable que le premier. Je constate que j'ai pris un kilo en huit semaines d'incarcération. Ce n'est pas énorme. Mon bébé vit, mais ne se développe pas comme il convient. Me trouvant très fatiguée et anémiée étant donné les maigres repas qui me sont proposés, le praticien m'ordonne de me reposer et de rester allongée tous les après-midi.

Me reposer, je ne demande que cela, mais on ne m'en laisse guère l'opportunité. Que je sois autorisée à garder la chambre après déjeuner agace même les gardiennes, qui me le font sentir. Elles voient là la forme suprême de la fainéantise et l'expression de ma fourberie.

J'apprécie pourtant de rester couchée. Les conditions de repos ne sont pas idéales, mais cela me soulage. En revanche, dans ses prescriptions, le médecin m'a également interdit tout déplacement. Cela signifie que je ne peux plus répondre aux convocations de la juge en charge de mon dossier. Dans un premier temps j'en suis contrariée car elle doit toujours décider d'une éventuelle mise en liberté provisoire, de la date de mon procès et de la langue retenue pour l'audience – français ou anglais. Mais je relativise très vite ces contretemps car la magistrate, que je sois présente ou non, répond systématiquement non à toutes mes requêtes, je n'ai donc plus grand-chose à attendre d'elle. Suivant le conseil de Maître Chambon, je reste sagement au lit sans plus m'inquiéter des procédures judiciaires.

Mon bébé me détourne d'ailleurs rapidement du procès qui se profile. Une infection urinaire me provoque des contractions. Je suis sujette à ces désagréments et lorsqu'ils surviennent je dois prendre des antibiotiques. Mais en obtenir en prison est toute une histoire. Le médecin fait d'abord procéder à des examens. Le temps que les résultats lui parviennent, l'infection a disparu comme par enchantement et c'est tout juste si je ne passe pas pour une simulatrice. Comme je le craignais, le même mal revient quelques jours plus tard et il faut tout recommencer à zéro. Les contractions s'intensifient, cette fois je proteste, j'exige que l'on me conduise à l'hôpital pour un examen plus approfondi, et une infirmière me donne enfin satisfaction. Un mois de perdu pour en arriver là, avec tous les risques que l'on a fait courir au bébé pendant ce temps. Ça me révolte, c'est criminel.

Avant de monter dans la voiture qui va me conduire vers l'hôpital, on me donne le choix : entraves ou menottes ? Pieds ou mains liés ? Merci monsieur le bourreau pour tant de prévenance...

J'opte pour les menottes car, avec les entraves, je crains toujours la chute qui pourrait mettre mon enfant en danger.

Des gamins jouent dans les couloirs de l'hôpital et, honteuse, je dissimule comme je peux mes poignets menottés afin d'éviter questions et réflexions. Heureusement que je n'ai pas choisi les entraves, là j'étais bonne pour attirer tous les regards.

Une sage-femme me réceptionne au bout d'un couloir, m'introduit dans une petite salle d'examen et m'invite à m'allonger sur une table pendant qu'elle étudie mes résultats d'analyses. Personne n'a songé à ôter mes menottes et je n'ai même plus le courage de le demander. Je me contorsionne comme un ver pour me hisser sur la table, tressaute sur mes fesses pour m'installer du mieux que je peux et défais mes vêtements les mains liées. Essayez... Vous verrez comme c'est facile !

La sage-femme m'ausculte rapidement sans s'émouvoir le moins du monde de mes chaînes, puis va rendre compte à un médecin qui me prescrit... les antibiotiques que je réclame depuis longtemps. Ensuite, tout ce petit monde estimant que, globalement, je vais bien, je regagne ma prison.

Lors d'un autre examen, dans les jours qui suivent, dans le même hôpital, je dois satisfaire, sur place, à un prélèvement d'urine. Une fois encore j'ai conservé mes menottes mais là, excédée, je prie la gardienne de me les enlever afin que j'aille aux toilettes librement. Elle fouille vaguement dans ses poches et, pas de chance pour moi, elle a oublié la clé... Pas un mot d'excuse, pas une proposition d'aide. Elle a oublié la clé, on ne va quand même pas en faire un drame !

Quelque temps plus tard, c'est avec beaucoup plus de prévenance que l'on m'invite à me présenter devant une jeune femme médecin à la prison. Ça tombe bien, je suis extrêmement fatiguée, je m'affaiblis de jour en jour et n'arrive plus à récupérer. Mon système immunitaire est à bout et une nouvelle maladie de peau, très contagieuse, circule à Maple Ridge, cette visite médicale est donc la bienvenue. Toutefois je refuse les prélèvements de peau et de salive que la jeune docteur entend effectuer sur moi, car les procédures me paraissent suspectes.

Heureusement, car j'apprendrai par la suite que la jeune fille, une étudiante en médecine, préparait une étude sur l'ADN, et ne s'était nullement souciée de l'infection qui ravageait le centre. Établir l'ADN des prisonnières était la seule chose qui l'intéressait. Bien sûr, personne n'avait cru bon d'informer les détenues du caractère facultatif de ces prélèvements, j'ai été la seule à les refuser. Mes gardiennes ont d'ailleurs failli me mettre au trou pour me le faire payer.

Certains chercheurs peu scrupuleux prennent vraiment les détenus pour des rats de laboratoire... et cela avec la bénédiction des autorités !

Plus les jours passent et plus je m'inquiète pour mon bébé. Le désintérêt des médecins et des infirmières m'affole. Ne parlons pas des gardiennes, je crois qu'elles se réjouiraient si je le perdais. Ce serait bien fait pour moi, mère indigne, voleuse d'enfants...

Au début juillet, je me sens très mal : mon petit est descendu, ses mouvements se réduisent, je ne parviens plus à me déplacer. Les contractions sont de plus en plus douloureuses, je me tords sur ma couche. Un drame se prépare, j'en suis certaine.

Accablée, je pleure à chaudes larmes dans ma cellule en regardant les photos de mes enfants épinglées sur un panneau de liège. Mes pauvres enfants... Aucune date n'est encore fixée pour mon procès. Quand les reverrai-je ? J'espère que Max, Jo et Jean-Philippe supportent au mieux tous ces malheurs dans ma douce Ardèche.

Ils supportent. Mais là-bas aussi un drame se prépare.

– 11 –

UN COMMANDO REPREND LES ENFANTS

Alors que je me morfonds en prison et m'inquiète pour la vie du bébé que je porte, à Satillieu ma mère s'occupe de Joséphine et Maximilien en grand-mère prévenante, mais la menace d'une tentative de récupération de leur père est toujours d'actualité.

Le président de mon association de défense, le colonel Baert, qui organise la protection de Joséphine et Maximilien, est conscient du danger. Surtout depuis qu'il a rencontré un membre du consulat du Canada à Paris, au début de l'été. Un entretien surréaliste.

Après l'avoir fait attendre pendant plus d'une heure dans un couloir, le diplomate s'était présenté à lui hilare et, sans un mot d'excuse, lui avait lancé :

– Ma secrétaire trouve que je suis très élégant, vous êtes d'accord ?

Certes son costume taillé sur mesure couleur bleu nuit finement rayé que rehaussait la feuille d'érable à la boutonnière l'était, mais la cravate... Avec sa cravate rose bonbon à gros motifs, il était aux antipodes de l'élégance, mais le colonel n'était vraiment pas là pour parler chiffons et le temps qu'on venait de lui faire perdre ne l'incitait pas à plaisanter. Qu'en avait-il à cirer, de sa cravate ?

Reprenant son sérieux, le membre du consulat l'avait alors avisé qu'il le recevrait entre deux portes, son bureau étant en désordre. En gros, le colonel était indésirable, ce dont il ne doutait pas. Face à cette situation inadmissible de chantage, la libération immédiate de la mère contre la livraison des deux enfants, le président de l'association avait exprimé son indignation.

– Mais nous ne sommes pas un pays de sauvages vivant dans une contrée reculée. Nous sommes une grande démocratie respectueuse des droits de l'homme et cette proposition n'a jamais existé, avait répondu le membre du consulat de façon sincère.

« De même, sachez que les conditions d'incarcération ne sont pas plus mauvaises chez nous qu'en France. À Fleury-Mérogis, je vais visiter une jeune Canadienne ; on peut envisager un échange de prisonnières, avait-il ajouté.

Après avoir donné sa parole que les enfants ne feraient pas l'objet d'un marchandage, le Canadien avait rappelé fermement qu'ils seraient rendus à leur père quoi qu'il advienne, comme les tribunaux l'exigeaient. L'entretien avait d'ailleurs rapidement tourné au vinaigre. Le diplomate avait menacé de porter plainte contre toute personne qui s'en prendrait physiquement ou verbalement à des membres de l'ambassade ou du consulat. Le ton était donné et Jean-Louis Baert avait quitté les lieux sans aucune illusion. Au contraire, il estimait que Joséphine et Maximilien demeuraient plus que jamais en danger, même si Dominique Perben, lorsqu'il était ministre de la Justice, avait promis que l'arrêt des juges ne serait pas exécuté. Son successeur ne présentait pas les mêmes garanties.

En Ardèche, ma mère étant fatiguée, ma cousine propose de prendre sa filleule, Joséphine, et son frère.

*
**

Vers la fin juin, alors que Max et Jo sont partis dans les Alpes, le procureur de Privas apprend à maman que leur père est en France. Le magistrat souhaite même organiser une confrontation entre lui et ma mère. Aussitôt c'est le branle-bas de combat à Satillieu. Que manigance Scott ? Que vient-il faire en Ardèche ?

Maman accepte volontiers de rencontrer M. Grant. Elle a quelques questions à lui poser, concernant notamment l'argent qu'elle avait placé au Canada et qu'il a détourné.

La confrontation se déroule étrangement dans une ancienne caserne de gendarmerie désaffectée à Saint-Péray, ce qui lui donne des allures de rendez-vous clandestin. Pourquoi pas au palais de justice de Privas ou à la brigade de Satillieu ? Mystère. Scott arrive dans un véhicule officiel, escorté d'un officier, le capitaine C., qui va lui servir d'interprète, et de deux greffiers dépêchés par le procureur pour prendre note des débats. Souriant, jovial, il ouvre large les bras et veut embrasser maman, qui lui fait sèchement remarquer que les circonstances ne s'y prêtent pas. Ce rejet ne désarçonne en rien mon ex-mari qui, quelques minutes plus tard, lui explique avec aplomb, sans la moindre gêne, qu'il était tout à fait normal qu'il puise sur son compte en banque pour faire face à ses frais de justice et d'avocat, toute cette procédure étant de mon fait.

La réunion dure quatre longues heures. Ma mère regrette de ne pas comprendre l'anglais car il lui semble que Scott et le capitaine échangent des propos qui ne lui sont pas traduits. Lorsque Scott lui demande si elle va lui remettre les enfants, sa réponse est catégorique : pas question, tant qu'elle n'aura pas mon accord ni celui des assurances. Le capitaine ne semble pas vouloir représenter l'autorité : il se contente de jouer le rôle du chauffeur et du traducteur. Il ne négocie pas. À l'issue de l'entretien, les greffiers préviennent maman que le compte rendu restera confidentiel et ne sera communiqué à aucune des parties. Il ne sera même pas remis à l'avocat ! Nous apprendrons pourtant par la suite que les avocats de Scott en ont obtenu copie. Et de ce long débat, largement épuré, il ressort seulement que nous refusons de rendre les enfants à Scott. Nous avons tous les torts, Scott Grant tous les droits.

Dès la fin de la réunion, Scott Grant file avec le capitaine C., saluant à peine ma mère. On est loin des simulacres de chaleureuses retrouvailles et des embrassades. Pas un mot sur ses intentions. Rentre-t-il au Canada ou reste-t-il en France ? Pourquoi le procureur a-t-il organisé cette confrontation, et quelle suite va-t-il lui donner ? Autant de questions sans réponses.

Maman n'est pas tranquille, même si elle se réjouit de savoir les enfants au calme. Mais comment pourrait-elle se douter qu'une formidable opération commando se met en place ? J'en ai maintenant reconstitué l'incroyable scénario. Le voici.

3 juillet 2006, Satillieu.

Il fait très chaud en ce début d'été. Des incendies de forêts et des feux de garrigues éclatent un peu partout en France. Un hélicoptère dessine des cercles au-dessus de Satillieu, s'immobilise quelques instants, en position stationnaire, au-dessus du village, puis remet la gomme et s'éloigne en piquant du nez. Bricolant dehors, le colonel Baert l'observe machinalement sans y prêter plus attention : ça doit encore brûler quelque part dans le coin, pense-t-il, fichue sécheresse... Puis il retourne à ses occupations sans se douter que là-haut, loin de se soucier des incendies, ses anciens collègues prennent des photos aériennes des lieux. Comme si nous étions des rebelles prêts à prendre le maquis, ou des truands en cavale en quête d'une planque. Même nos biquettes en rigolent !

4 juillet, Saint-Alban-d'Ay.

L'aube se lève à peine sur notre petit village de Saint-Alban-d'Ay lorsqu'un groupe de gendarmes de la compagnie de Tournon, renforcé par des éléments de la brigade de recherche de Privas, se présente à notre domicile.

Francis vient de sortir du lit. Un léger parfum de café flotte dans la cuisine. Les gendarmes connaissent parfaitement mon mari. En sa qualité de journaliste au *Dauphiné*, il les croise sur la plupart de leurs enquêtes. Il est aussi secrétaire général de l'UDF pour le département, et ils le savent. La mission qu'on leur a confiée les gêne, une fois de plus, et ils ont bien du mal à dissimuler leur embarras. Sur instruction du procureur de la République de Privas, ils doivent interpeller Francis et le placer en garde à vue à la gendarmerie de Tournon, afin qu'il y soit entendu sous différents prétextes plus vaseux les uns que les autres : dissimulation d'enfants, entrave à la bonne marche de la justice...

En fait, l'opération n'a qu'un but : neutraliser mon compagnon, le couper de ses contacts professionnels et politiques pendant que d'autres gendarmes vont tenter un coup de main pour récupérer mes enfants Maximilien et Joséphine, qu'ils ont localisés en Savoie.

Pour donner le change, une perquisition est opérée pendant plusieurs heures dans notre maison. Toutes les pièces, sans exception, sont méthodiquement passées au peigne fin. Incrédule, Francis se demande vraiment ce que les limiers peuvent chercher. L'arme du crime ? Le seul crime dans cette histoire est celui d'une mère qui veut soustraire ses enfants à l'emprise d'une secte. Alors quoi d'autre ? Les preuves que je ne veux pas me plier aux jugements qui m'ordonnent de remettre mes petits à leur père ? Mais je ne cesse de le clamer, ce n'est un mystère pour personne, c'est même ce qui m'a conduite en prison au Canada. Ce déploiement de force, cet excès de zèle sont ridicules et Francis ne se prive pas de le dire. Mais les militaires ont reçu un ordre et ils doivent s'y tenir, même s'ils s'interrogent sur son bien-fondé.

Leurs recherches terminées, les gendarmes emportent uniquement l'ordinateur portable qui contient tous mes dossiers juridiques et les preuves que la médiation internationale se poursuit. Ils prient Francis de les accompagner, lui épargnant toutefois les menottes. Durant le trajet, l'atmosphère est pesante dans le véhicule de la gendarmerie.

Arrivé à Tournon, Francis est immédiatement introduit dans un bureau où une longue et fastidieuse audition commence. Pénible pour tous, elle ne sert à rien car l'unique objectif des gendarmes est de faire dire à Francis où se trouvent Max et Jo. Or, mon compagnon n'en sait rien. Beaucoup de temps et d'énergie perdus pour rien !

En apparence. Car isolé du monde extérieur, et délesté de son téléphone portable, Francis est hors circuit. Il ne peut plus agir. Alors qu'il a compris que quelque chose se trame, qu'une opération va certainement être lancée pour récupérer les enfants, il ne peut pas intervenir. Impossible pour lui d'alerter les élus qui m'ont soutenue, notamment le président du Sénat Christian Poncelet ou le député de Paris René Galy-Dejean, ni même d'en appeler au chef de l'État qui l'a personnellement assuré de son soutien dans cette affaire. Toute communication lui est interdite. Cette neutralisation constitue la phase numéro un d'un vaste plan.

4 juillet, Maple Ridge.

Je vais très mal. Le bébé ne bouge plus. Les services de santé m'ont conduite à l'hôpital pour voir un gynécologue-accoucheur. Après deux heures et demie de suivi des mouvements du fœtus et une analyse d'urine, il a détecté une énième infection urinaire et m'a renvoyée vers la prison en prescrivant des antibiotiques qui ne me parviendront que le lendemain.

Que se passe-t-il en Ardèche ? Personne n'est à son poste, je ne parviens pas à joindre Francis au téléphone. C'est le silence total. Pourquoi ?

5 juillet, gendarmerie de Tournon.

La garde à vue de Francis est prolongée de vingt-quatre heures. On lui annonce qu'il sera présenté le lendemain à 10 heures au doyen des juges d'instruction de l'Ardèche, qu'il connaît bien et apprécie. Mais en attendant, privé de toute information, il est toujours neutralisé et il enrage, pressentant le pire.

5 juillet, Savoie.

Les Gettliffe ne sont ni des gangsters ni des terroristes. La discrétion leur convient mieux que la clandestinité. Aussi, grâce à de banales écoutes téléphoniques, les gendarmes n'ont pas eu grand mal à localiser mes enfants chez la marraine de Joséphine.

Au lever du jour, les lève-tôt de Savoie découvrent leur village en état de siège. Près de cent vingt gendarmes sont alertés dans la région. Une compagnie entière de gendarmerie a pris position dans un bois sous le commandement d'un colonel entouré de son état-major.

Les routes d'accès à la commune savoyarde sont bouchées et un barrage a même été établi sur la portion d'autoroute menant à Albertville. Du délire ! Les hommes de l'antigang des commissaires Leclerc et Broussard n'en avaient pas fait tant pour appréhender Jacques Mesrine, l'ennemi public numéro un, à Paris, dans les années soixante-dix. Tout ça pour aller cueillir au saut du lit deux malheureux mômes apeurés de onze et treize ans.

Malgré leur réticence, les enfants sont donnés à leur père par la gendarmerie. Maximilien et Joséphine réclament d'être entendus par un psychologue, mais aucun ne se présentera pour faire une évaluation. C'est le fameux Dr X. canadien qui se rendra sur le territoire français et qui convaincra le procureur de la République de Privas que les enfants veulent rentrer au Canada. Pourtant, suite à de nombreuses plaintes, ce Dr X. n'a plus le droit d'exercer. Et c'est ce même docteur qui les accompagnera pendant le voyage. Joséphine m'a dit s'être accrochée à la porte de la voiture en hurlant pour ne pas qu'on la prenne. Rien n'y a fait.

5 juillet, Satillieu.

La France entière ne parle que football avant la finale du Mondial qui va opposer la France à l'Italie. Ma mère n'oubliera pas cette date, mais pour d'autres raisons. Elle a appris que Francis était en garde à vue, elle sent que quelque chose se trame et elle tremble lorsque le téléphone sonne. Dans un sanglot, Patricia lui dit :

– Les gendarmes ont pris les petits, je ne sais pas où ils les emmènent.

Maman est assommée. Ne pouvant toujours pas joindre Francis, elle alerte le colonel Baert, qui saute dans sa voiture et fonce vers la Savoie. Les barrages l'empêchent de s'approcher de chez ma cousine. Il part donc pour l'aéroport de Lyon. Il y reste deux jours à surveiller tous les départs des vols pour Paris ou Londres. En pure perte. Et d'ailleurs qu'aurait-il pu faire, à part un scandale, s'il avait vu Scott ?

Après une nuit passée dans un hôtel de Lyon, mon ex-mari et mes enfants avaient gagné Paris dans une voiture de la gendarmerie, et pris aussitôt un avion à Roissy-Charles-de-Gaulle pour le Canada.

Écœuré par de telles méthodes, Jean-Louis Baert téléphone au membre du consulat du Canada, qui l'avait si mal reçu, pour lui dire en termes peu diplomatiques qu'il les trouve « dégueulasses ». Son interlocuteur encaisse et répond que sa seule mission était de faire rentrer les deux petits Canadiens. Le président de l'association se rend compte qu'il s'est fait avoir...

5 juillet, Maple Ridge.

Lorsque je réussis enfin à joindre ma sœur Laetitia au téléphone, je croule sous l'avalanche de mauvaises nouvelles.

– C'est le bordel, me dit-elle, Francis est en garde à vue, les enfants ont été pris...

Francis en garde à vue... Je m'en veux, dans quelle galère l'ai-je entraîné ? Et les enfants qui sont à nouveau livrés à leur père et à sa secte. J'ai perdu sur tous les tableaux car, en plus de tout cela, je demeure en prison et me fais un sang d'encre pour le petit à naître. Le bilan est catastrophique.

Le soir du 5 juillet, les mains posées sur mon ventre, je regarde une fois de plus les photos de mes enfants épinglées sur le mur, les cartes postales qui les entourent éclairées de ciel bleu, et je pleure doucement. De grosses larmes coulent sur mes joues. Je les sens à peine, j'en ai pris l'habitude.

Une rude journée m'attend le lendemain : je dois comparaître au palais de justice de Vancouver où différentes décisions doivent être prises. Je suis si loin des miens, il se passe tant de choses à Satillieu...

– 12 –

UNE PRISON POUR MATERNITÉ

Réveil à 5 heures du matin, ce 6 juillet 2006, pour un départ en direction de la cour de justice. Je n'ai pas le temps de téléphoner en France. J'avais demandé à mon avocate d'annuler ce déplacement à Vancouver, car j'ai toujours des contractions, mais peine perdue, les gardes me réveillent et m'ordonnent de me préparer. Je dois emballer toutes mes affaires personnelles, défaire mon lit, faire le ménage et me préparer à être éventuellement libérée. Sait-on jamais ? À 7 heures, petit déjeuner rapide, un bol de céréales, un verre de lait. Je ne peux plus manger, les shérifs de l'escorte s'impatientent, nous devons partir.

Je suis menottée aux pieds et aux mains et dirigée vers l'arrière d'une fourgonnette. Assise sur un banc en métal, au-dessus des roues arrière, je suis ballottée dans tous les sens, je glisse et j'ai du mal à me rattraper.

Arrêt dans la prison pour hommes, et changement de camionnette.

Je suis maintenant sur l'avant du véhicule. Il fait chaud : pas de climatisation. Les hommes, que je ne vois pas, sont à l'arrière. Ils hurlent :

– De l'air, on n'est pas des bêtes qu'on mène à l'abattoir !

Ils frappent l'intérieur des parois à coups de poing et de pied. J'étouffe... Heureusement, j'arrive à me débarrasser d'une menotte et j'enlève mon sweat-shirt. Finalement nous partons et je regarde le paysage défiler par une minuscule fenêtre. Quel sera le prochain arrêt ? Aucune idée.

C'est une cellule de garde à vue dans un poste de police de Vancouver. Puis nouveau départ et, cette fois-ci, direction la Cour suprême.

Je suis enfin arrivée, je descends tant bien que mal, me retenant comme je peux pour ne pas tomber. Deux heures et demie pour parcourir soixante kilomètres, et je dois maintenant attendre mon audience prévue pour 14 heures. Je suis à nouveau embastillée. Le geôlier, généreux, me glisse une couverture. Je m'allonge sur le banc en résine et essaye de récupérer.

On m'a enlevé les menottes, retiré mes chaussures, coupé la ceinture de ma robe noire mitée et fouillée, au cas où j'essaierais de me suicider. Je suis seule et « indépendante », me dit-on, puisque je dispose de toilettes et d'un lavabo. Mais des caméras m'épient constamment. Quel œil se cache derrière ? Je n'ai pas vu beaucoup de femmes dans les parages !

14 h 15, une garde me sort de ma cellule. J'ai du mal à marcher, mes hanches me font mal après ce « repos » sur un banc dur. Une trentaine de marches à monter, et je me trouve devant la porte d'accès à la salle d'audience. J'attends. La juge arrive, on me laisse entrer. Je ne vois personne dans cet immense espace capitonné de rouge où doit se jouer ma liberté. Où est mon avocate ? Ce n'est pas possible... Mais si, c'est possible : je suis levée depuis 5 heures du matin, j'ai voyagé dans une bétaillère, je suis malade, elle doit plaider pour ma libération et elle est en retard ! Du coup l'audience est reportée à 16 heures car un autre juge m'attend à 15 heures pour déterminer si mon procès aura lieu en français ou sera bilingue. La première audience m'importait bien plus !

Je redescends dans ma cellule, je ronge mon frein, puis je remonte d'autres escaliers pour atteindre une autre salle. Épuisée, je me déplace cahin-caha. L'audience aurait dû être expédiée en cinq minutes puisque le magistrat et mon avocate, enfin arrivée, étaient d'accord pour que mon procès se déroule en français. Seulement le parquet conteste : finalement mon procès sera bilingue. On a perdu un temps fou en palabres inutiles et du coup il est 16 heures passées lorsque je quitte la salle. Ma demande de remise en liberté sera donc pour une autre fois. Ce soir, je referai mon lit en prison. Je suis persuadée que c'était un coup monté.

Est-il bien utile de me trimballer à travers couloirs et escaliers pour ce genre de décisions ficelées à l'avance ?

Il est 18 h 30 quand je quitte le palais. Les gardes me pressent, la fourgonnette qui doit me ramener à Maple Ridge est déjà partie. Je la rattrape au centre North-Fraser dans une autre voiture. J'implore la shérif de me placer dans une cage à l'avant pour que je ne sois pas trop secouée pendant les vingt kilomètres qui nous restent à parcourir.

Je suis de nouveau assise sur un banc métallique, et je glisse d'un côté à l'autre. Mon ventre se tend, les contractions recommencent. J'essaye de respirer calmement, fixant mon regard sur la route, mais les douleurs sont de plus en plus vives. Pliée en deux, je craque, je pleure.

Dès notre arrivée au centre, les gardes accourent. Je ne peux me lever, je reste prostrée, j'attends que les douleurs s'atténuent. On vient me soutenir, on me porte, mais je dois supplier pour qu'on m'enlève les menottes, qu'on me donne à boire et à manger. Le midi, je n'ai avalé qu'un hamburger et des frites. Il est 20 heures, je suis affamée. Avant tout, on m'allonge sur une table d'examen. Je reprends peu à peu mes esprits, les douleurs s'estompent, et bientôt je regagne ma cellule où j'avale un plat de lasagnes congelées. C'est mieux que rien mais insuffisant après une telle journée marathon.

Le lendemain, par téléphone, j'en apprends un peu plus sur ce qui s'est passé en Ardèche. On me dit que Francis a été libéré et que le juge a refusé de le mettre en examen comme le lui demandait le procureur, estimant que le dossier était vide. Enfin une bonne nouvelle. On me dit aussi que les enfants volent vers le Canada, mais là je n'ai pas plus de détails.

Au grand dam de Scott Grant, le consul de France l'attend à son arrivée à l'aéroport de Vancouver afin de préciser certains points avec lui. Le diplomate veut d'abord s'assurer que les enfants vont bien. En les voyant, il n'en est pas convaincu et je suis atterrée lorsqu'il me rapporte par téléphone que le Dr X. les prend en charge. Mais que faire ? Rien ne permet de s'y opposer. En revanche, le consul a obtenu qu'un pédopsychiatre assure le suivi psychologique de Maximilien et Joséphine et que mes deux enfants puissent venir me voir rapidement en prison.

Cette nouvelle me fait grand plaisir, toutefois les recevoir ainsi, en captivité, me désespère. Cette image restera gravée à jamais dans leur mémoire et je crains qu'ils ne le reprochent toute leur vie à leur père.

J'avais espéré que le retour en Colombie-Britannique de Max et Jo pourrait entraîner ma libération. Les Canadiens ayant obtenu ce qu'ils voulaient, je pensais qu'ils tourneraient la page, me renverraient chez moi. En faisant mon paquetage, à l'aube du 6 juillet, j'y songeais. Si les gardiennes m'imposaient ce ménage matinal, c'était peut-être bon signe, elles savaient peut-être quelque chose. L'après-midi, à Vancouver, je devais déchanter. La juge n'était pas pressée de me voir partir, elle entendait bien me faire juger, si possible condamner, et se contrefichait que j'accouche en prison. Je devais me faire à cette idée.

Plutôt que de me laisser abattre, je m'oblige à réagir et me lance un défi : alors que je suis enceinte, bien mal en point physiquement et moralement, je vais soutenir ma thèse de doctorat ici, en prison, si le jury est d'accord pour venir jusqu'à moi.

Je pose aussitôt la question par téléphone à la

présidente qui me donne rapidement son accord, après consultation des cinq autres universitaires concernés.

Banco ! N'ayant pas d'ordinateur en prison, et encore moins Internet, je parviens à récupérer une version écrite de ma thèse, sur laquelle je n'avais plus travaillé depuis trois mois, et j'y apporte la dernière touche dans l'inconfort de ma cellule. Je travaille sur un coin de table faiblement éclairé et passe mon temps à quatre pattes à compulser des documents étalés par terre. Pas idéal pour une femme enceinte, mais je veux tellement gagner mon pari que je surmonte toutes ces difficultés. Le lundi 10 juillet mon travail est prêt, je peux comparaître.

Une salle a été mise à la disposition des six examinateurs prévus. C'est bien la première fois de leur vie qu'ils sont amenés à juger un travail en un tel lieu, et je les remercie d'avoir accepté ce déplacement. Je les préviens aussi qu'ils vont être soumis aux affres du régime carcéral et les prie par avance de m'en excuser, malheureusement je n'y peux rien.

Comme à Surrey, des haut-parleurs diffusent en permanence des messages adressés aux gardiennes ou aux détenues. On se croirait dans un hall de gare. Voyage en moins. Pour soutenir une thèse, on peut rêver mieux. Les membres du jury sont vraiment sympas, ils m'assurent qu'ils s'accommoderont du contexte, ce qui me met en confiance. J'en ai bien besoin car, de surcroît, ne disposant toujours pas de support informatique, je dois détailler mes quelque quatre cents pages d'exposé sur papier, alors que le thème porte précisément sur... les nouvelles technologies dans l'étude, l'enseignement et la pratique des langues.

Surmontant tous ces désagréments, le jury m'écoute avec attention pendant près de deux heures, me pose quelques questions puis se retire pour délibérer. À l'issue de cette délibération, je suis reçue avec félicitations.

Génial ! Je sens ma poitrine se gonfler, je suis tellement heureuse. Là où les thésards planchent habituellement pour évaluer le travail d'une trentaine d'étudiants, j'en ai examiné trois cents – quand j'étais encore libre – pour parvenir au résultat escompté. C'était un boulot colossal, mais j'en suis largement récompensée, surtout dans de telles circonstances.

Quelques jours plus tard, j'ai même la surprise de trouver une interview de la présidente du jury dans un journal national, le *Global and mail*, où elle affirme qu'elle n'avait jamais vu un travail de thèse d'une telle qualité. Quel bonheur, quelle revanche, quel pied de nez à mon ex-mari et à tous les crétins de sa secte qui me reprochaient de ne penser qu'à mon travail au lieu de me joindre à leurs prières débiles ! Ils parviennent néanmoins à me frustrer, car à cause d'eux je me garde bien de clamer mon succès sur tous les toits. Je n'en informe même pas Francis, ni ma mère, et pourtant cela me coûte. Je crains que mes adversaires ne détournent ma réussite et s'en servent pour étayer leurs arguments : « Vous voyez bien qu'elle ne pouvait être une bonne mère puisqu'elle passait tout son temps à étudier pour sa gloriole. » Je les entends comme si j'y étais, aussi je préfère rester discrète. Inutile de leur fournir des munitions.

Ce doctorat réussi m'apaise quelques jours et, dans la foulée, j'annonce au consul de France mon intention de me présenter à l'élection présidentielle. C'est mon droit, et je suis curieuse de voir comment vont réagir les autorités tant canadiennes que françaises.

Sachant qu'il peut s'attendre à tout dans cette affaire hypermédiatisée, d'un côté de l'Atlantique comme de l'autre, le diplomate passe immédiatement me voir et me confie que, dans la presse française, je passe pour une véritable Jeanne d'Arc. C'est flatteur, mais je me voyais plutôt en Belle Hélène, tiraillée entre un homme qui m'aime et m'attend en France et un autre qui me déteste mais refuse de me laisser partir. Je préfère cette image, mais va pour Jeanne d'Arc si cela peut servir ma cause et surtout celle de mes enfants.

Mes pauvres enfants... Ils sont tout penauds lorsqu'ils sont autorisés à venir me voir à Maple Ridge, pour la première fois, le 14 juillet. Un hasard de date. Dans leur entourage, on leur avait certifié que, dès leur retour à Vancouver, je serais libre. Ils l'avaient cru, ils étaient contents de se sacrifier pour moi, et voilà qu'on les avait grugés. Se sentant coupables, ils ne savent comment se faire pardonner. Les serrant très fort contre moi, les couvrant de baisers, tellement heureuse de les revoir, et malheureuse de les savoir en de si vilaines mains, je leur explique qu'ils ne sont pour rien dans tout cela.

Nos retrouvailles se déroulent dans une salle de réunion. Je fais de mon mieux pour rendre leur visite agréable, leur faire oublier ce décor froid et austère. Assis au bord de leurs chaises, Max et Jo jettent des regards furtifs autour d'eux et m'assurent l'un et l'autre qu'ils veulent retourner en Ardèche. Un jour, peut-être... Mais quand ? Si seulement je le savais.

J'essaye d'en savoir le plus possible sur leurs conditions de vie, mais le Dr X., qui les a accompagnés, surveille l'entretien du coin de l'œil. Comment pourront-ils se défendre tout seuls ? Je leur recommande de confier le moindre problème à l'éventuel pédopsychiatre qu'ils devraient voir une fois par semaine. C'est leur seul allié « extérieur ». Enfin je l'espère, car je finis par douter de tout.

Cette sinistre épreuve m'ouvre les yeux : le monde n'est pas comme je le rêvais. J'ai l'impression d'en avoir appris plus sur le Canada en quelques semaines de prison qu'en douze ans de mariage. Accaparée par mes enfants, mon mari, le restaurant, mes études, je ne voyais rien de ce qui se passait autour de moi, j'avais le nez dans mes problèmes et ne relevais jamais la tête. À Surrey, puis à Maple Ridge, j'ai découvert la Colombie-Britannique profonde, celle que je ne soupçonnais pas et qui reflète pourtant la réalité du pays. 95 % des détenus sont incarcérés pour des histoires de drogue. C'est significatif. Un de mes professeurs d'archéologie nous avait dit un jour : « Si vous voulez avoir le reflet d'une société à un temps T, fouillez dans ses poubelles, voyez ce dont elle se débarrasse, ce dont elle ne veut plus, et demandez-vous pourquoi. »

Je pense souvent à ce prof en observant mes compagnes. Incapable de les remettre en état, la société qui les a dégradées ne veut plus d'elles et les jette dans une poubelle, dans cette prison. Quel gâchis ! Étrange paradoxe : pour punir des personnes qui ont enfreint les lois, on les enferme dans des zones de non-droit. Car dès la porte de la prison franchie, les droits humains les plus élémentaires n'existent plus. Le détenu est exclu du système, il doit se plier au bon vouloir des gardes, à leurs fantaisies, à leurs caprices, voire à leur sadisme sans que personne n'en sache rien. Je le vérifie au mois d'août.

Dès le début du mois, je subis le contrecoup de la restitution de mes enfants à leur père. Je m'effondre complètement, et cette profonde déprime se ressent aussitôt sur mon état de santé. Les contractions se multiplient et, un jour, le 3 ou le 4, je ne sais plus, je suis persuadée que je vais perdre mon enfant tant je souffre. L'infirmière de permanence s'affole et l'on me conduit de toute urgence à l'hôpital. Menottée.

En constatant mon état, le médecin de garde, un jeune Asiatique, passe un savon à mes accompagnatrices. Il exige qu'elles me libèrent les mains et ne me cache pas ses craintes : je peux accoucher d'un moment à l'autre, sept semaines avant terme, ce qui pose un gros problème car cet hôpital n'est pas équipé pour accueillir les grands prématurés. Le praticien me fait alors une piqûre pour permettre à l'enfant de respirer. Puis il me place sous perfusion pour me réhydrater et me donne des calmants. Je m'écroule aussitôt sur le lit où l'on me porte. Je ne tiens plus debout.

Une gardienne s'installe à mon chevet. Dans la soirée, une de ses collègues vient la relayer. Elle pose ses affaires sur une chaise, et sort une entrave de son sac. À demi endormie par les calmants, je l'observe à travers un brouillard épais. Je ne peux y croire : elle ne va tout de même pas m'attacher ? Eh bien si ! Cette ordure m'attache au pied du lit, et elle serre fort pour que je ne puisse pas dégager mon pied. Dans quel monde suis-je tombée ?

Au milieu de la nuit, j'ai envie d'aller aux toilettes. Je réveille ma gardienne qui s'est assoupie pour qu'elle m'y accompagne. Elle s'exécute en grognant. Je marche avec beaucoup de difficultés et je trébuche en regagnant mon lit. La surveillante doit m'aider à me relever et à me recoucher. Elle voit bien que je suis incapable de marcher seule et donc de m'échapper. Malgré cela, elle me remet l'entrave qui me cisaille la cheville. Quel monstre !

Le lendemain matin, je me sens encore très faible, mais le danger est passé. Un nouveau médecin débarque et me renvoie vers la prison. Je suis outrée :

– Vous savez où vous m'envoyez ?

– Oui, mais alitée ici ou là-bas, c'est pareil.

J'ai beau protester, il ne revient pas sur sa décision.

De retour dans ma cellule, cadeau suprême, on m'octroie un second tapis de sol pour assouplir la paillasse sur laquelle je dois rester allongée. Interdiction de marcher. Des codétenues s'organisent pour m'apporter mes repas, car les surveillantes refusent de le faire. Moyennant quoi il m'arrive de ne rien manger si les prisonnières m'oublient. Tout cela est préjudiciable au bébé que j'attends, que je crois déjà bien mal en point.

Alors que je dois toujours garder le lit, on me prévient qu'une de mes tantes, résidant en Californie, va venir me voir. Il faut donc prévoir un fauteuil roulant afin que je me rende au parloir. J'en fais la demande.

Et là, ça vire au gag : tandis que je suis allongée sur mon lit, incapable de faire deux pas, j'entends brusquement ce message, diffusé par les haut-parleurs : « Nathalie Grant peut venir prendre son fauteuil roulant au service santé. » Cette absurdité aura au moins le mérite de me faire rire. Une de mes compagnes, une Péruvienne, se dévoue pour aller quérir la chaise, et m'accompagne jusqu'au parloir où je peux parler dix minutes – pas une de plus – avec cette parente venue de si loin. C'est très court, mais sa visite me fait beaucoup de bien car le moral est au plus bas. Je ne veux cependant pas demander d'entretien au psychologue de la prison, tout ce que je pourrais lui dire se retournerait contre moi. Mes adversaires en profiteraient pour affirmer que je suis dérangée. Aussi ces quelques instants passés avec ma tante sont-ils précieux. Je les savoure.

Bien que je sois dans un piteux état, aucune infirmière, aucun médecin de la prison ne vient jamais me voir. Vers la mi-août se présente une sage-femme extérieure à Maple Ridge. C'est prévu par le règlement. Très vite elle m'agace. Lorsque j'évoque mes crampes, mes contractions, elle me contemple la bouche en cœur, un sourire benêt aux lèvres, et me répond :

– Mais c'est bien, c'est très bien, votre utérus y travaille, y fait une répétition...

Je me demande si elle est vraiment idiote ou si elle se fout de moi : j'ai mis trois enfants au monde, je pense savoir ce qu'il en est.

Le 18 août, une nouvelle demande de mise en liberté est examinée par la cour. Cette fois clouée au lit, je ne peux me rendre à l'audience. Je ne me fais d'ailleurs aucune illusion sur son issue. Effectivement : c'est non. Mais mon avocate me rapporte que la direction du service santé de Maple Ridge a fait parvenir une lettre à la cour expliquant que, dans mon état, j'étais bien mieux en prison que dehors ! Sympas, les toubibs !

Ils n'y sont pour rien mais, au mois de septembre, je vais mieux et je peux remarcher. J'atteins enfin, et sans encombre, la date fatidique du 16 septembre, celle prévue pour mon accouchement. J'ai pris du poids et je sens le petit bouger, tout va bien de ce côté-là.

Après avoir tambouriné dans mon ventre bien avant l'heure, voici que mon bébé se fait attendre. C'est de famille : ses frères et sœur avaient fait de même. Donc je ne m'inquiète pas. En revanche, les responsables de la prison s'impatientent, ils ont hâte d'en finir et la perspective d'une urgence les angoisse. Moi aussi, d'ailleurs, quand je vois leur niveau d'incompétence.

Alors que mon enfant devrait déjà être là depuis une semaine, une intendante vient me dire que la prison n'a pas d'habits pour bébé, et me prie d'en faire venir de l'extérieur ou d'en demander au consulat de France. Il serait peut-être temps d'y penser ! Je trouve ça inadmissible. Je suis parquée et retenue contre mon gré dans un établissement prétendument destiné aux mères et aux femmes enceintes et aucune structure particulière n'est prévue. À ce moment-là, je réalise que si l'on ajoute un berceau dans ma cellule, il me restera en gros cinquante centimètres pour bouger et je me demande où je langerai le bébé. De plus, je ne dispose pas d'une baignoire pour lui. Je ne vais tout de même pas le tremper dans celle que se partagent les détenues avec toutes les maladies infectieuses qui circulent. C'est hors de question.

Je fais donc un scandale. Je demande à changer de cachot, j'exige ma baignoire ainsi que des vêtements pour mon petit, un soutien-gorge d'allaitement et une chemise de nuit ouverte sur le devant. Je menace d'alerter le consulat si je n'obtiens pas satisfaction.

En quelques heures le problème est réglé, comme par enchantement. On m'avertit également que cette attente devient trop dangereuse : puisque l'enfant ne se décide pas à venir, on va provoquer l'accouchement à l'hôpital.

Cette décision ne m'emballe pas trop, mais on ne me laisse pas le choix. Mon départ est fixé au 25 septembre à 7 heures. Cette fois je prends les devants et je demande à la direction de donner des directives aux gardes pour quelles m'épargnent les menottes et me dispensent de leur présence lors des examens médicaux intimes. Requêtes acceptées : c'est la moindre des choses !

Il y a longtemps que mes affaires sont regroupées dans un sac en prévision de ce départ. Mais au jour dit, à 7 heures pile, alors que nous sommes sur le pied de guerre, nous apprenons qu'il n'y a pas de place pour moi à l'hôpital. Attendre, encore et toujours... C'est seulement à 14 heures qu'un lit se libère.

Une femme médecin me prend en charge dès mon arrivée et me tartine une première fois d'un gel pour faciliter l'accouchement, m'annonçant qu'elle renouvellera l'opération six heures plus tard. Ensuite, selon elle, je devrais donner le jour rapidement à mon enfant.

Ce n'est pas le cas. À 21 heures, le bébé ne se manifeste toujours pas. Je sens que ce contretemps irrite la femme médecin qui n'entend pas faire d'heures supplémentaires. Je ne suis pas tranquille, mais je ne pose aucune question jusqu'au moment où elle m'annonce qu'elle va m'administrer des somnifères. Cette décision me semble aberrante et je le lui dis : d'un côté elle fait tout pour déclencher l'accouchement au plus vite ; et de l'autre elle m'endort jusqu'au lendemain. J'y vois une incohérence, mais elle trouve cela très normal et me souhaite le bonsoir, me laissant avec une gardienne.

Il est 23 heures. Avant de dormir, les somnifères n'ayant pas encore eu d'effet, je vais prendre un bain. Et brusquement, je sens que le processus de l'accouchement se met en marche. Cette fois, j'en ai la certitude. De la baignoire, j'appelle la gardienne qui court chercher une sage-femme. Le médecin est rappelé en urgence. Il me laisse poursuivre mon travail dans le bain où je me sens bien.

À 0 h 45, la tête de mon bébé s'engage. On me sort du bain pour me transporter sur une table d'opération. J'ai très mal. On m'insuffle des gaz, je suis complètement shootée. Et heureusement car, malgré cela, la douleur est atroce. À cause des surdoses de gel, tout va à une vitesse folle, la dilatation du col de l'utérus s'exerce en vingt minutes, c'est horrible, l'enfant est éjecté comme un obus, déchirant tout sur son passage. Je hurle, on me tient les pieds et les mains, c'est une torture insupportable, je ne sais pas comment je reste consciente. Alors que je perçois le premier cri de mon enfant, la doctoresse me plante une aiguille dans la cuisse : je ne sais pas ce qu'elle m'injecte mais elle craint une hémorragie interne.

Je récupère lentement puis, retrouvant mon bébé dans ma chambre, je réalise que nous nous en sommes sortis. Mon petit Martin – prénom choisi depuis longtemps en hommage au résistant juif, Martin Gray[1] – est là, en pleine forme, intact malgré tous les avatars qu'il a subis. Pendant deux heures, insensible aux somnifères, je le serre contre moi, je le berce. Assise sur sa chaise au pied du lit,

1. Martin Gray a écrit *Au nom de tous les miens* et *La vie renaîtra de la nuit*, qui retracent notamment sa résistance aux nazis dans le ghetto de Varsovie, puis dans les camps de concentration.

la gardienne pique du nez. Luttant contre le sommeil, elle finit par s'étonner d'une voix mourante :

– Après tout ça, vous n'avez pas envie de dormir ?

Il était prévu que je reste cinq à sept jours hospitalisée, mais au bout de vingt-quatre heures un médecin me fiche à la porte. Je vais très bien et il a besoin de lits. J'essaye de retarder l'échéance, je plaide pour le bébé, soulignant les conditions d'hygiène approximatives de la prison et j'obtiens finalement, par compassion, un sursis de vingt-quatre heures durant lequel mon oncle Valentin et deux membres du consulat viennent me rendre visite.

Le lendemain, à la première heure, je dois faire mon paquetage et j'apprends par une infirmière que les standards téléphoniques de l'hôpital, y compris celui des urgences, sont bloqués à cause de moi : des coups de téléphone arrivent de partout. Des amis, mais surtout des journalistes de France et du Canada appellent sans discontinuer pour me parler. D'autres font le siège de l'établissement dont l'accès leur a été formellement interdit. Je comprends mieux pourquoi tout le monde a hâte que je déguerpisse.

Quelques minutes plus tard, Martin commence sa vie en prison.

– 13 –

COUPABLE OU NON COUPABLE ?

Mon minuscule gaminou de deux jours serré contre moi, je prends possession de mon nouvel « appartement », à la prison de Maple Ridge, en maudissant les saligauds qui expédient mon bébé dans cet enfer. Comment peut-on mépriser l'être humain à ce point ? Comment ose-t-on exposer un nouveau-né à la maladie, aux bruits, à d'éventuelles maltraitances, sans même s'interroger ?

En France, l'écrivain Martin Gray, ému que mon enfant se prénomme Martin en hommage à son douloureux passé, multiplie les appels téléphoniques auprès de ma famille. Il est indigné et horrifié par le sort qui nous est réservé dans les cachots canadiens.

Je ne vois guère de différence entre cette cellule

paraît-il aménagée pour les mères et la précédente. Le tour en est vite fait, et je ne compte toujours que trois mètres sur deux. Un espace tout aussi restreint que le premier, dans lequel on a trouvé le moyen de glisser un berceau et une poussette. Pas la peine de prendre un mètre, je ne dispose toujours que de cinquante centimètres pour me mouvoir entre mon lit et mon bureau miniature. Ça va être simple.

Deux autres mères d'enfants en bas âge occupent des « chambres » voisines. Dix-sept femmes complètent notre section, toutes malades mentales. Je ne vois pas très bien pourquoi nous partageons le même espace et, comme je m'en étonne, on m'explique que notre pavillon est le seul à posséder une rampe d'accès, à cause des poussettes... Où est le rapport ? Je renonce à comprendre. De toute façon, mes voisines ne me semblent guère plus déséquilibrées que certaines détenues dites saines d'esprit.

Je le constate, à peine installée, lorsque les deux autres mères me tombent dessus, m'insultent et me menacent, sous prétexte que j'ai une poussette neuve munie d'une coque, alors qu'elles, qui étaient là avant moi, n'ont que de vieux landaus pourris. Qu'est-ce que j'y peux, moi ? N'empêche qu'elles sont persuadées que j'ai intrigué pour obtenir cette faveur. Or jusqu'à présent, je n'ai vraiment pas été favorisée.

Tandis que je partage mon temps entre ma cellule et de longues promenades avec Martin dans les jardins, je ressens une hostilité générale envers moi dont je ne devine pas la cause. Les gardiennes comme les détenues me sont résolument hostiles, je l'éprouve au réfectoire, dans les allées et les couloirs où, quelquefois, je suis agressée. Mais pourquoi ? L'animosité des surveillantes, j'en ai l'habitude. En revanche je ne vois pas ce que me reprochent les prisonnières, à part ma poussette neuve.

En fait, durant les semaines qui ont précédé mon accouchement, je suis restée claquemurée dans ma cellule, délaissant mes activités au sein de notre groupe de réflexion, animé par le Dr Martin, perdant tout contact avec la plupart de mes compagnes. Retirée dans mon antre, je suis devenue une inconnue pour les nouvelles arrivantes, qui sont nombreuses, car beaucoup de détenues que j'avais croisées jusqu'ici arrivaient en fin de peine et préparaient leur réinsertion. Du coup, les bruits les plus fous ont couru sur moi, et les ragots se propagent encore plus vite derrière les barreaux que dans les salons mondains.

Puis est arrivée la pire des rumeurs : cette prison modèle, dont chacune rêvait, allait être fermée par ma faute ! À cette simple idée, surveillantes et surveillées se liguaient contre moi. C'était donc ça...

Et d'où cette menace venait-elle ? Eh bien, des journaux.

La presse canadienne relatait tous mes faits et gestes, et rapportait avec moult détails le combat que mon compagnon menait en France pour obtenir ma libération, dénonçant avec force les conditions de ma détention. Les journalistes avaient aussi fait part du soutien que j'avais reçu de Louise Harbour, une magistrate canadienne, alors en poste auprès de Kofi Annan au haut-commissariat des droits de l'homme de l'Onu, à La Haye, qui avait écrit un rapport accablant sur les prisons canadiennes, dix ans plus tôt.

De plus, bien qu'il n'ait pas été diffusé au Canada, la parution de mon premier livre, *Lettres de prison*, simple recueil de ma correspondance avec mes proches durant mon incarcération, avait également entraîné de nombreux commentaires. Personne ne l'avait lu mais chacun déformait mes dires, confondant ce que j'avais écrit sur Surrey et sur Maple Ridge, m'attribuant des propos imaginaires, et y allant de la surenchère. Le tableau dressé donnait une si mauvaise image du Canada que les autorités envisageaient de fermer Maple Ridge, disait-on, pour mettre un terme à cette campagne.

C'était m'accorder un bien grand pouvoir. Je parvenais à peine à obtenir des couches-culottes pour mon bébé, et j'aurais réussi à faire disparaître un centre de détention ? Quelle puissance !

Et puis j'avais suffisamment à faire au quotidien pour protéger mon petit.

Je devais toutefois enrayer très vite ce bruit avant que toute la prison ne se retourne contre moi. Pour cela j'ai demandé à rejoindre le groupe de travail du Dr Martin, afin de renouer des contacts et de rétablir la vérité.

Dès lors les choses se sont arrangées. J'ai même sympathisé avec quelques Amérindiennes, qui constituaient l'essentiel de la population carcérale.

Elles avaient obtenu l'autorisation de dresser un tipi dans le jardin, où elles se réunissaient régulièrement pour procéder à des fêtes et des cérémonies ancestrales auxquelles elles m'ont fait l'honneur de m'inviter. Ce fut pour moi, qui suis férue d'archéologie et de civilisations, très enrichissant.

J'ai beaucoup appris avec ces femmes, tant sur leur passé, leurs traditions, que sur leur présent et leur immense détresse dans ce monde qu'on leur impose et qu'elles ne comprennent pas. Elles m'ont enseigné leurs chants et ont guidé ma main pour confectionner des colliers de perles, coudre des sacs et des mocassins en peau. Quel dommage que leur enseignement ait été dispensé dans un tel environnement, que leur désespoir ne sorte pas des murs de notre enceinte ! Leur peuple a beaucoup souffert ; il continue à souffrir, j'en suis convaincue, et il se réfugie dans la drogue et l'alcool où il finira, abruti, par sombrer corps et âme.

Les journées passent plus vite depuis que Martin est avec moi. Je veille comme une louve sur sa santé et sa sécurité. J'ai ainsi protesté auprès de la direction en constatant qu'une femme circulait dans notre périmètre avec des plaies purulentes au bras. La pauvre n'était pas responsable, mais elle représentait un réel danger d'infection pour mon enfant, et pour nous toutes d'ailleurs. J'ai obtenu qu'on la soigne.

Je tente aussi d'adoucir comme je peux le cadre de vie de mon tout-petit. Pour atténuer les aboiements des gardiennes, les bruits des portes qui claquent et les hurlements des haut-parleurs, un petit transistor dispense de la musique classique en permanence dans notre cellule. J'ai aussi découvert un piano oublié, dans la bibliothèque, et obtenu l'autorisation d'en jouer. Dès que je le peux, j'emprunte des partitions, m'installe derrière le clavier et m'évade sur des préludes de Bach, des valses de Chopin. Mon petit Martin demeure auprès de moi, dans sa poussette, et s'endort paisiblement. Instants magiques qui hélas ne durent guère. Les contraintes du quotidien me ramènent vite à la réalité.

Si les journées filent à une vitesse incroyable, les nuits, elles, me paraissent bien longues. Martin dort mal, il m'empêche de me reposer. Lorsque je trouve enfin le sommeil, ce sont les surveillantes qui font irruption dans la cellule, me fichant le faisceau de leurs lampes torches en pleine figure pour s'assurer que je suis toujours là et bien vivante. Leur inquisition ne s'arrête pas là : elles vérifient la présence de Martin avec la même délicatesse, le réveillant évidemment à chacune de leurs visites, et me laissant le soin de le rendormir. Une nuit, j'avais mis une serviette à sécher sur le berceau. Elles m'ont obligée à l'enlever pour voir ce qu'il y avait dessous, comme si elles ne pouvaient pas le faire elles-mêmes.

Martin me console de bien des misères, mais je n'oublie pas mes autres enfants pour autant. Je n'ai plus aucune nouvelle de Joséphine ni de Maximilien. Ma fille a réussi, une fois, à me faire parvenir une lettre, avec la complicité d'une copine, mais son père l'a su et elle ne s'est pas avisée de recommencer. Je suppose que la sanction a dû être terrible.

J'ai essayé de prendre des nouvelles auprès du ministère de la Famille. Je voulais surtout savoir si Max et Jo étaient suivis par des médecins et si je pouvais apporter à ces derniers des éléments pouvant aider mes enfants à supporter leur nouvelle situation. Pour les avoir élevés pendant onze et treize ans, je les connais bien. Mais à peine avais-je prononcé mon nom qu'un fonctionnaire a hurlé dans le téléphone, avant de me raccrocher au nez :

– Vous n'avez pas à le savoir, je n'ai pas de comptes à vous rendre, vous n'êtes qu'une criminelle !

Tout est dit dans son jugement à l'emporte-pièce. Je suis cantonnée à ma condition de taularde bâillonnée, ce qui me casse le moral.

Je suis épuisée, je ne me remets pas de mon accouchement. Mes nuits sont entrecoupées par les pleurs de Martin, d'horribles cauchemars, et les rondes des surveillantes. La tête me tourne en permanence, j'ai des vertiges. Dans la journée, mes cauchemars me reviennent à l'esprit, se superposent à la réalité, je ne démêle plus le vrai du faux. J'en informe le médecin et le psychologue qui, tous deux, craignent une dépression. La date de mon procès approche et j'ai la certitude que je ne supporterai pas les déplacements qu'il va m'imposer. Je vais craquer, or il ne le faut pas car un grave danger menace Martin.

En effet, les autorités canadiennes retardent l'inscription de mon fils sur le registre des naissances, ce qui interdit au consulat de France de lui conférer la nationalité française. Tant qu'il en est ainsi, étant né sur le territoire canadien, Martin peut m'être retiré et placé dans une famille d'accueil si je ne suis plus en mesure de m'en occuper. Il faut que je sorte de ce trou vivante le plus vite possible pour éviter cela. Après tout, pour débloquer la situation, pourquoi ne pas plaider coupable, comme le souhaitent les autorités judiciaires ? À quoi bon m'entêter ?

J'en parle avec mes avocats qui trouvent l'idée excellente, et me ponctionnent au passage d'une confortable avance sur les cent mille dollars d'honoraires qu'ils me réclament, raison supplémentaire pour arrêter les frais au plus vite.

Nous entamons alors des négociations avec le parquet. Si je plaide non coupable, la justice réclamera cinq ans de prison contre moi. Coupable, ce sera deux ans.

Courant novembre, je suis convoquée devant la cour afin qu'elle enregistre mon revirement.

Avant de me présenter devant les juges, j'ai soigné ma toilette : jolie robe, collant, bottes à talons hauts, et ce sursaut de coquetterie me rappelle mon identité. Hélas, sitôt la porte du tribunal franchie, on me conduit dans une cellule où l'on me dépouille de mes bottes, au cas où j'agresserais quelqu'un avec les talons, et de mon collant, pour prévenir toute tentative de suicide. Je comparais jambes nues et en baskets. C'est d'un chic !

L'audience dure dix minutes pendant lesquelles je ne prononce que deux fois le mot « coupable », en réponse aux questions des juges. Tout le monde est content. Y compris mon ex-mari, présent dans la salle, que je vois jubiler au milieu de sa clique habituelle. C'est la seule chose qui me dérange, mais l'heure n'est plus aux règlements de comptes, il faut sortir.

Seulement le parquet s'acharne contre moi, réclamant une expertise psychiatrique justifiée, paraît-il, par l'annonce de ma possible candidature à la présidentielle. Cela me fait très peur. Non pas que je doute de ma santé mentale, mais je devine la mère de Scott à la manœuvre. Elle pourrait bien me faire interner avec la complicité de ses collègues psys.

Heureusement la présidente rejette cette demande, estimant que l'obtention de mon doctorat et mon comportement en prison attestent mon équilibre. Même les gardiennes ont reconnu que je suis une bonne mère avec Martin. C'est dire...

Une nouvelle audience est prévue pour le 30 novembre. Elle s'étalera sur deux jours et, après la condamnation, on y décidera d'une éventuelle remise de peine.

Entre-temps, l'ambassade du Canada à Paris décide d'envoyer des journalistes français afin qu'ils prennent connaissance de mes conditions d'incarcération. Évidemment, ils ne dormiront ni à Surrey ni à Maple Ridge mais dans un hôtel. Révoltée, j'écris aussitôt une lettre à l'ambassadeur du Canada à Paris, dans laquelle je lui explique mes « vraies » conditions de détention. À ce moment-là, nous n'avons plus d'électricité depuis plusieurs jours, le générateur tourne à plein régime pour maintenir en fonctionnement la barrière électrique et les cellules. Et l'administration ne sait pas si nous allons pouvoir être réapprovisionnés en fuel pour alimenter le générateur, car nous sommes dans une zone de non-déneigement. Par ailleurs, suite aux énormes précipitations de ces dernières semaines, le câble de la télévision ne fonctionne plus. Après avoir chanté quelques chansons, les détenues s'ennuient et les bagarres fusent. Sans compter que l'eau est imbuvable, il faut la faire bouillir. Et des rats ont réussi à accéder à nos « appartements » : ils courent d'un côté à l'autre et s'endorment dans le creux du cou de quelques détenues shootées aux somnifères.

Je lui raconte aussi que nous sommes séquestrées dans nos cellules car une pneumonie mortelle ravageuse sévit dans les quartiers pauvres de Vancouver. Nous attendons un vaccin pour nous protéger. Les poux avaient déjà sauté de quatre têtes à quatre-vingt-dix têtes en quatre jours cet été. On imagine les dégâts que causerait une pneumonie...

Certes, à Maple Ridge, nous avons la télé, nous

avons plus de « liberté », si j'ose dire, nous pouvons nous déplacer plus facilement qu'à Surrey où nous n'avions que quarante-cinq minutes de promenade et où nous étions enfermées dans l'obscurité, mais les conditions demeurent difficiles. Très difficiles.

Afin de faire des économies, le service santé a été privatisé. Martin n'a donc plus aucun suivi. Pour couronner le tout, chaque fois que je passe un appel, je paye quatre fois le prix normal de la communication. L'institution carcérale a ainsi sa part. Et, comme les surveillantes s'estiment mal payées, elles volent les détenues : leurs habits de marque, leurs dentiers en or, les médailles en argent...

Craignant les représailles, je n'enverrai pas cette lettre à l'ambassade.

Alors que j'attends l'audience du 30 novembre, un nouvel incident m'oppose à l'administration pénitentiaire.

Notre prison est construite au pied d'un barrage hydroélectrique que des pluies torrentielles ont fragilisé. Un plan d'évacuation est prévu et l'on m'informe qu'en cas d'alerte je disposerai de sept minutes pour évacuer les lieux et que je serai séparée de mon enfant. Je devrai installer Martin dans une voiture. Lui partira en premier, et moi, on verra plus tard. Je pique une nouvelle colère. Mon enfant a besoin de sa mère, je l'allaite, et la seule chose dont on s'inquiète c'est de savoir si je sais le « cliquer » sur leur siège auto en moins de sept minutes pour qu'on puisse me l'enlever et me laisser crever dans mon trou ! Je passe encore une belle avoine aux gardes, ce qui n'arrange pas nos rapports.

Après cet affrontement, je sombre à nouveau dans une profonde déprime, payant une accumulation de stress et d'émotions. Je vois tout en noir, n'espère plus rien.

Durant cette période, le juge familial ordonne à mon mari, le 14 novembre, de me présenter régulièrement mes enfants, de me fournir leurs bulletins scolaires et certificats médicaux. Il interdit aussi aux membres de l'Église internationale du Christ de vivre avec eux, et limite l'accès au culte à une fois par semaine. Je ne parviens même pas à me réjouir de cette bonne nouvelle tellement je me sens mal.

Mon état s'améliore néanmoins. Lentement mais sûrement.

Je retrouve enfin le sourire en apprenant que mes avocats français, Maître Chambon et son associé, vont venir m'assister lors de l'audience du 30 novembre. Ils arriveront dix jours avant l'audience avec leurs épouses, et tout ce petit monde passera me voir à la prison.

La première prise de contact entre mon défenseur et la direction du centre de détention est assez rude.

Arrivé à 16 heures sur le parking, en pleine campagne, alors qu'il fait déjà nuit, Maître Chambon satisfait à un besoin personnel le long du grillage lorsqu'un fou furieux lui tombe dessus, le menaçant des pires représailles. C'est en tout cas ce que devine mon avocat qui ne parle pas un mot d'anglais et envoie le trublion se faire voir dans la langue de Molière, avant de se diriger vers la porte de la prison.

On l'introduit quelques minutes plus tard dans le bureau du sous-directeur, avec lequel il a rendez-vous. Et, bien sûr, l'empêcheur de faire pipi c'est lui ! Ça commence bien...

Le 30 novembre au matin je suis tendue en me rendant au palais de justice avec Martin, que mon oncle Valentin gardera.

Durant l'audience, j'écoute impassible les mêmes sempiternels reproches que l'on me fait : je suis dangereuse, j'ai manipulé l'opinion. J'enrage de ne pouvoir intervenir lorsque la présidente affirme que j'ai quitté le Canada avec mes enfants sans aucune raison. Comme si les arracher à une secte n'était pas une bonne raison. J'ai envie de bondir, mais les consignes de Maître Chambon trottent dans ma tête : « Tu pleures, tu t'excuses et tu ne dis pas un mot sur ce qui t'a motivée pour reprendre tes enfants. Tu es coupable, tu l'admets, tu le regrettes profondément, tu ne le feras plus, un point c'est tout, c'est la seule façon d'espérer une remise de peine. »

Quelques heures plus tard, invitée à m'exprimer, je suis ses recommandations à la lettre. Je n'ai pas à me forcer pour pleurer. Le reste est plus difficile à sortir, l'enjeu est toutefois d'importance et j'y parviens.

Je suis incarcérée depuis huit mois, j'ai accouché en prison, et tout ça pourquoi ? Pour que je présente des excuses pendant trente secondes devant un tribunal. C'est injuste.

À l'issue du procès, je me sens quand même soulagée. J'écope de seize mois de prison, assortis d'une mise à l'épreuve de trois ans. Surtout, la cour a accepté que je termine ma peine en France, comme le permettent les accords bilatéraux entre les deux pays. Seule ombre au tableau, mais de taille : il y a peu de chances que je revoie mes enfants avant leur majorité, fixée ici à dix-neuf ans.

Deux jours plus tard, le ministère de la Justice français demande mon rapatriement. Je pense qu'il me sera accordé. Sachant que le Canada dispose de trente jours pour se prononcer, je me prépare à passer Noël et le jour de l'an en prison.

Divine surprise : huit jours avant les fêtes, un chauffeur de l'ambassade de France rapporte à Maple Ridge ma valise qui était restée chez mon ami Thierry à Vancouver.

Le retour semble proche, je n'ose y croire. Et pourtant cette fois ça y est : le 21 décembre, en pleine nuit, je déguerpis en catimini pour être transférée en France.

– 14 –

LES DÉGÂTS

Le confort est une notion bien relative. J'en prends conscience en m'installant dans ma nouvelle cellule de Fleury-Mérogis, après un transfert musclé depuis le Canada. Fleury ne rivalise pas avec le George-V, je suis toujours en prison, et pourtant une merveilleuse sensation de bien-être m'envahit. Rien à voir avec Surrey, ni Maple Ridge.

J'ai pu conserver mes vêtements « civils », ma cage est deux fois plus grande, elle dispose d'une fenêtre, de toilettes propres, d'un réfrigérateur. Un petit lit confortable est prévu pour Martin. En bas de mon bâtiment, j'aperçois un jardin coquet, spécialement aménagé pour les enfants, et une gardienne m'informe aimablement du fonctionnement de la maison d'arrêt. J'ai bien dit « aimablement »... En neuf mois j'avais presque oublié ce mot.

La section réservée aux femmes enceintes et aux mères dispose d'une nurserie. Si nous le souhaitons, nous pouvons confier les nouveau-nés et les enfants en bas âge à deux jeunes aides maternelles. Dans la journée, elles les promènent à l'extérieur de la prison afin qu'ils se familiarisent avec la rue, les fleurs, les boutiques, les passants, l'animation, la vie. Une puéricultrice veille également sur leur hygiène et leur santé. Dès mon arrivée, elle vient prendre Martin en charge. Depuis sa naissance, c'est la première fois que quelqu'un m'en soulage. À Maple Ridge, j'effectuais le moindre déplacement avec la poussette ou en portant mon bébé dans mes bras. Enfin je peux me reposer sur quelqu'un, et souffler un peu. Je l'apprécie d'autant plus que je passe toute ma journée à courir d'un bureau à un autre.

Inventaire de mes affaires, visite médicale, radio des poumons, entretien avec une psychiatre qui s'excuse en souriant :

– Je ne doute pas de vos facultés mentales, mais c'est le règlement.

Bref, en un temps record, tout le monde tient à s'assurer que Martin et moi allons bien, que nous sommes bien installés, et que je ne vais pas déclencher une tempête médiatique. Sans parler de régime de faveur, toutes les détenues rencontrées m'assurent que je bénéficie d'une attention particulière. La plupart d'entre elles ont, par exemple, attendu quatre mois avant de passer une radio des poumons.

Dans l'après-midi, un éducateur me reçoit et me demande qui je souhaite prévenir de mon arrivée. Je pense à Francis, à ma mère, mes sœurs, mon avocat, et n'ose en demander tant. Mon interlocuteur me rassure :

– Tous sont au courant. La presse a annoncé votre retour depuis quarante-huit heures. Je souhaite juste officialiser votre présence.

J'étais donc la dernière informée.

Après cet entretien courtois, au cours duquel l'homme s'enquiert aussi de mes projets en cas de libération, je suis convoquée dans le bureau de la directrice qui m'annonce que, si je le désire, je peux passer les fêtes de Noël et du jour de l'an chez moi.

Je ne l'espérais plus. Le temps me paraissait trop court pour qu'une telle décision intervienne avant les vacances judiciaires de fin d'année.

La juge d'application des peines me propose pourtant deux fois trois jours de liberté : du 23 au 26 décembre et du 30 décembre au 2 janvier. C'est tellement inespéré que j'hésite à accepter. Je débarque tout juste du Canada, crevée par le voyage mouvementé, le décalage horaire, affolée à la perspective de deux allers-retours en Ardèche avec Martin en quelques jours. Dans un premier temps, déboussolée, je ne pense qu'à la fatigue, pour moi et pour les miens qui vont devoir venir me chercher. Satillieu, c'est tout de même à six cents kilomètres, alors je vois mal comment on va s'organiser. Mais rapidement le plaisir de retrouver mes proches l'emporte.

Tandis que l'on contacte Francis, je regagne ma cellule où je dîne rapidement, avant de sombrer dans un sommeil lourd et réparateur.

Parti de l'Ardèche à 5 heures du matin, Francis, retardé par les embouteillages, arrive à Fleury à 14 heures. Nos retrouvailles s'effectuent dans le sas de sécurité de la prison en présence des gradés, ce qui exclut toute effusion. Francis voit son enfant pour la première fois dans de tristes circonstances. Je le sens ému, mais les lieux ne se prêtant guère aux démonstrations de joie nous installons rapidement Martin à l'arrière du véhicule, et nous nous apprêtons à partir lorsque les responsables nous informent que le parquet d'Évry a communiqué l'heure de ma sortie aux journalistes, qui font le pied de grue devant la porte principale. L'idée d'une confrontation m'effraie, je n'ai pas assez récupéré, j'ai besoin de recul. Mes « hôtes », malins, nous proposent alors de filer par une porte dérobée.

Lorsque les battants s'ouvrent discrètement : pas un reporter en vue... Et pour cause ! Ils nous attendent tous à un rond-point, cinquante mètres plus loin, et nous escortent pendant près de quarante kilomètres, me mitraillant sur toutes les coutures à travers les vitres de la voiture. Des motos passent à droite, à gauche, des photographes se penchent par les vitres des voitures, on me tend même des micros tout en roulant, comme sur le Tour de France. Francis ne tient pas à s'arrêter car il a prévu de réveillonner sous les fenêtres du ministre de la Justice, dans la Loire, et entend inviter ses confrères à le rejoindre à cette occasion pour m'interviewer.

Toujours sous escorte, au péage de Fleury, je mets un terme à ce cirque car je n'ai envie ni de finir comme Lady Di, ni de passer Noël sous les fenêtres de qui que ce soit. Il fait un froid de canard et, côté inconfort, j'ai donné, merci ! Je rêve d'un bon lit...

Nous nous arrêtons donc sur le parking, après le péage, où les photographes peuvent prendre quelques clichés. Je leur demande simplement d'épargner Martin, de ne pas crier, et même d'éviter de parler, car mon tout-petit n'a quasiment jamais entendu de voix d'hommes. Quant à moi, je ne me sens vraiment pas en état de répondre à des questions et m'en excuse.

Le calme revenu, nous reprenons la route. Bénéficiant seulement d'une permission de sortie, je suis assignée à résidence et devrais normalement dormir à Saint-Alban-d'Ay. Mais mon compagnon est aussi fatigué que Martin et moi, alors nous demandons à la prison l'autorisation de nous arrêter à l'hôtel de la Poste, à Vézelay. Francis peut enfin prendre tendrement son enfant dans ses bras, le bercer, et le mettre au lit. Puis, nous dînons en amoureux.

Dans la soirée j'appelle maman qui m'annonce, effarée :

– Il fait moins sept degrés, le village disparaît sous un brouillard givrant, et il y a des journalistes partout qui dorment dans leurs voitures en t'attendant.

Les pauvres, il faut leur dire que je suis sous ma couette ! Mais Francis m'assure qu'ils ne le croiraient pas et poursuivraient leur planque. Dans ce cas, soulagée, je peux savourer en paix les délices d'un vrai lit.

Le lendemain, je retrouve ma maison avec émotion. Rien n'a changé depuis que je suis partie, si ce n'est qu'il y a un sacré bazar. Des piles de papiers et de journaux s'entassent dans tous les coins, mon piano disparaît sous des kilos de documents, et Francis m'avoue qu'il a rangé dix-huit cartons de paperasse à la cave ! Tous les jours, il a expédié au moins un fax à des dizaines d'interlocuteurs pour obtenir ma libération. Quelle énergie !

Ma mère nous rejoint bientôt avec mon petit Jean-Philippe. J'ai un choc en le voyant : c'est mon fils et je le reconnais à peine. C'est fou ce qu'il a changé. Je le regarde, le serre contre moi, mais je ne trouve pas mes mots, je me sens gauche. Ma mère n'est pas très à l'aise non plus avec Martin. Elle ne parvient pas à réaliser que ce bébé, qu'elle n'a pas vu naître, est son petit-fils. C'est un moment difficile à vivre pour l'une comme pour l'autre, nous avons l'impression d'être face à deux enfants étrangers. D'ailleurs Jean-Philippe appelle sa grand-mère maman. C'est très dur.

Me voilà chez moi, mais je ne me sens pas libre. Je sais que je suis en transit, qu'il me faudra regagner la prison, et cette idée m'empêche de me détendre. Le soir de Noël, je n'ai pas le cœur à la fête. Nous réveillonnons très simplement avec maman. Mes sœurs sont restées avec leurs familles respectives. Ma présence n'étant pas certaine, rien n'a été prévu. Francis a juste acheté quelques petits cadeaux, disposés au pied du sapin.

Durant cette parenthèse de trois jours, je ne souhaite voir personne, je veux juste me reposer, et Francis, lui aussi, accuse un énorme coup de pompe le 25 décembre. Nous avons besoin d'être seuls.

Je le craignais, après cette parenthèse en famille, je vis très mal mon retour en prison le 26 décembre avec Martin, dont je ne peux me séparer tant que j'allaite. En franchissant le portique de sécurité, j'ai l'impression de retourner en enfer. Jusqu'au 30 décembre, je n'ai envie de rien faire. Je rêvasse, je compte les heures en attendant ma seconde sortie.

Cette fois j'ai décidé de prendre le TGV. Je ne veux pas imposer un nouveau voyage à Francis qui prépare de surcroît le réveillon du jour de l'an, où toute la famille sera réunie pour fêter mon retour en France. Cela me fait plaisir, mais j'aspire au calme et à l'isolement. Après avoir été enfermée tant de semaines, je pensais au contraire que j'aurais soif d'espace et de mouvement. Eh bien non ! Bizarre.

Le 2 janvier, dans le train qui me reconduit vers Paris, je me prépare mentalement à mon retour en cellule. Celui-ci m'est moins pénible que le premier. Même si j'ai apprécié le geste de la juge d'application des peines, cette liberté en pointillé n'est pas satisfaisante. Quand vais-je recouvrer la liberté ? La vraie...

Revenue à Fleury, je n'ai plus qu'une idée en tête : que va décider la juge d'application des peines le 9 janvier ? Tout va se jouer ce jour-là.

Je comparais à 16 h 30 devant la juge d'application des peines, le procureur et sa greffière. Maître Chambon s'est déplacé de l'Ardèche pour m'assister. La magistrate ne paraît pas disposée à me faire de cadeau ; le procureur, lui, semble mieux disposé à mon égard, soulignant notamment qu'avec un doctorat et une famille très présente, j'offre des garanties de réinsertion suffisantes. Pour sa part, il se dit favorable à mon élargissement sous contrôle judiciaire. La juge aurait pu suivre, et prendre sa décision sur le siège. Mais non, elle demande un délai de réflexion et reporte sa décision au 12 janvier. Encore trois jours à ronger mon frein, à balancer entre le doute et l'espoir.

Le jour dit, je ne vis plus, je guette le moindre bruit de pas, et les heures passent sans nouvelles de la juge. En fin d'après-midi, un espoir fou m'envahit : elle attend la dernière minute afin que je sois libérée de nuit, à l'heure où les journalistes dorment. La justice canadienne avait employé cette méthode pour m'exfiltrer de Surrey. Et c'est effectivement ce qui arrive. À 17 h 50, sourire aux lèvres, la directrice m'annonce que je serai libérée le lendemain, précisant aussitôt que le lendemain commence à 0 h 01. Quel bonheur ! Mais je réalise tout à coup que je vais me retrouver en pleine nuit sur un trottoir de Fleury-Mérogis, mon Martinou dans les bras, à six cents kilomètres de chez moi, sans voiture et sans hôtel.

Heureusement, je ne suis plus au Canada et l'Administration se préoccupe de ce problème. Mes proches sont alertés. Je passerai donc encore une nuit à Fleury, en attendant que des amis parisiens de ma mère viennent me chercher très tôt le matin.

Le lendemain nous filons vers l'Ardèche. Cette fois, ça y est, je suis libre !

Enfin presque, car la justice me tient toujours en laisse. Je reste sous contrôle judiciaire jusqu'au 30 avril 2008, soit un an après la fin de ma peine d'incarcération, avec interdiction de quitter le territoire et obligation de justifier tout déplacement de plus de quinze jours auprès du juge d'application des peines de Privas, qui prend mon dossier en charge. Je dois aussi justifier d'un travail et prouver que je contribue aux charges de la famille. Ces restrictions me chagrinent car ma liberté est sacrée, et je n'admets toujours pas que l'on m'en prive pour avoir cherché à protéger mes enfants.

Ma douloureuse aventure est le résultat d'un amoncellement d'incompétences et de dysfonctionnements. Dysfonctionnements de la justice, du consulat, des instances internationales, de l'administration pénitentiaire du Canada, des hôpitaux, de la police... Incompétence des juges, des avocats, des médecins, des infirmières de la prison, des gardiennes... Tout cela me coûte très cher, je ne m'en remettrai jamais totalement.

J'ai dû choisir entre mes quatre enfants pour obtenir ma libération : c'est le pire des châtiments que l'on puisse infliger à une mère. Pendant des semaines je n'ai plus du tout eu de nouvelles de Max et Jo. Heureusement, cela va changer : un juge vient d'ordonner à leur père de les laisser correspondre avec moi, par écrit et par téléphone. Tous deux me manquent terriblement.

Depuis mon retour à Saint-Alban-d'Ay, je ne suis toujours pas retournée dans la chambre de Maximilien, et je ne suis entrée dans celle de Joséphine qu'après plusieurs jours. À contrecœur. Parce que j'y étais obligée pour installer le lit de Martin. Pousser la porte a été un supplice. Avant de partir, Jo a fermé ses placards et caché la clé. Je ne veux même pas savoir où elle est, j'ai trop peur de revoir ses affaires, de violer ses secrets de petite fille.

Jean-Philippe, lui aussi, garde des séquelles de notre séparation. Il continue à appeler ma mère « maman », et je dois lui apprendre, progressivement, à se rapprocher de moi. Habitué à vivre chez sa grand-mère, il fait toujours des colères pour retourner chez elle, et pleure derrière la fenêtre chaque fois qu'elle s'éloigne. Ses rapports avec son petit frère sont également complexes. Lorsque

Martin est dans mes bras, Jean-Philippe ne dit rien parce qu'il m'a vue arriver avec ce bébé et qu'il ne se souvient pas que je suis sa mère. En revanche, Jean-Philippe pleure quand Francis ou ma mère font un câlin à Martin. Il va falloir du temps et du tact pour rééquilibrer leurs rapports.

J'espère que Martin est trop petit pour que cette mésaventure le marque psychiquement. Dans les premiers jours, il était énervé et dormait mal, mais cela va mieux. Il devait surtout être fatigué par tous ces voyages et déménagements. Martin ne prend toujours pas beaucoup de poids, mais ça devrait s'arranger. Le bon air et le printemps vont vite le revigorer.

Quant à moi, je suis bien esquintée physiquement et moralement. Mis à mal par les nuits passées sur ma couche rigide alors que j'étais enceinte, mon squelette s'est déformé et j'ai de la peine à marcher.

L'accouchement a laissé également de vilaines séquelles neurologiques. Je n'ai plus aucune sensibilité dans le bas-ventre et dois subir des examens complexes. Une anomalie a été décelée sur l'utérus.

Des séquelles psychiques subsistent aussi, surtout à cause des réveils nocturnes.

La réinsertion est difficile.

Un jour, je me suis quasiment enfuie d'un supermarché car, brusquement, tout s'est mis à tourner autour de moi, j'étais perdue dans les rayonnages, et ne supportais plus ni la foule, ni le bruit. La panique ! J'ai enfourné quatre pots de compote dans mon sac et j'ai couru vers une caisse.

De même, moi qui adore la musique et les chorales, je ne supporte plus les voix de femmes et n'écoute que des voix d'hommes, en particulier les basses qui me rassurent. J'ai vraiment besoin de me restructurer.

Je ne parviens pas non plus à lire. Coupée du monde pendant de longues semaines, je vivais hors du temps. Même si nous avions accès aux journaux et à la télévision, je ne m'y intéressais guère. Je redécouvre alors brusquement l'actualité. Cette masse d'informations me submerge. C'est trop ! Toutes ces nouvelles m'étouffent.

Je ne supporte pas plus la compagnie. Plutôt d'un caractère enjoué et ouvert, je me renferme totalement dans ma coquille. Seules de longues promenades avec mes enfants m'apportent du plaisir.

Un suivi psychologique va remettre de l'ordre dans tout cela, mais les dégâts sont lourds.

Et deux de mes enfants sont plus que jamais en danger.

Mais personne ne veut l'entendre.

– ÉPILOGUE –

LE SERMENT DE VERDUN

Verdun, tout un symbole ! En acceptant de participer ce 16 mars 2007 aux travaux de l'association « Secticide [1] », j'effectue ma première sortie officielle depuis ma libération. Le choix de Verdun m'a tout de suite emballée : capitale mondiale de la paix, Verdun a permis en 1916-1917 d'arrêter l'invasion allemande. En 2007, on espère que Verdun sera le symbole d'un nouvel élan pour faire cesser les dérives sectaires qui se multiplient en France, surtout lorsque les pouvoirs publics déroulent le tapis rouge aux gourous des sectes les plus dangereuses.

---

1. Secticide : Défense et protection contre les sectes : 14 bis, avenue Miribel, 55100 Verdun. Tél./fax : 03 29 86 30 32. Site : http ://perso.wanadoo.fr/secticide
courriel : secticide@wanadoo.fr

Que la route semble longue pour rejoindre Verdun ce 15 mars, veille du jour J ! Partis de Saint-Alban-d'Ay à 13 h 30, avec mon compagnon Francis, nos enfants Jean-Philippe et Martin, nous voyons défiler, au fil des heures, les paysages du Lyonnais, du Mâconnais, de la Bourgogne, des Vosges, marqués par la crise économique à travers les bâtiments et les usines désaffectés. Et c'est de nuit, vers 22 heures, que nous abordons les remparts moyenâgeux de Verdun où tant de fois fut scellé le destin de la France, de Charlemagne à la Grande Guerre.

Pour moi, comme pour mon compagnon Francis Gruzelle, c'est un vrai retour aux sources, dans cette Lorraine où nos ancêtres sont implantés depuis plusieurs siècles, où les populations ont conservé cet esprit empreint de bon sens, d'humanité et de solidarité qui les caractérise. Les Lorrains ont contribué à forger les plus belles épopées de l'histoire de l'Europe, offrant une trentaine de maréchaux et près de trois cents généraux à Napoléon Ier. Ici, chaque habitant est attaché à la défense du patrimoine historique et culturel, ainsi que des valeurs morales.

À l'hôtel Saint-Paul où nous allons passer la nuit, l'installation est rapide, puisqu'il faut être en forme pour la journée du vendredi. Les premiers médias sont annoncés dès 9 heures du matin à l'hôtel. Je risque d'être très sollicitée, *L'Est républicain* ayant annoncé ma venue en page trois, après avoir relayé jour après jour avec objectivité le calvaire que j'ai enduré dans les prisons canadiennes. Cela s'est traduit par un incroyable soutien moral des Lorrains, puisque des centaines de lettres réconfortantes me sont parvenues au fond de mon cachot. C'est aussi pour cela que j'ai souhaité que mon premier déplacement officiel ait lieu en Lorraine, alors que mon corps se remet péniblement des mauvais traitements des prisons canadiennes et de la sous-alimentation dont nous avons été victimes, Martin et moi. Trois mois après sa naissance, mon bébé n'a pris que huit cents grammes et se trouve en dessous de la courbe normale de croissance.

Le vendredi matin, l'accueil manifesté par la population de Verdun dépasse mes espérances. Après des interviews données à France 3, il y a foule à la Maison de la Presse pour une première séance de dédicaces.

Toutes les personnes que je rencontre condamnent dans leurs commentaires le comportement de ceux qui, en haut lieu, ont laissé mes deux enfants aux mains d'une secte. Une mesure d'instruction par un juge des enfants aurait eu pour effet de suspendre provisoirement l'application des décisions de retour au Canada. Rien n'a été fait en ce sens. Au contraire, le procureur de la République de

Privas a refusé d'auditionner les enfants et a fait obstacle à toutes les demandes présentées par ma mère, par mon compagnon, par Maître Dominique Chambon, mon avocat en France, Maître Samuel Cornut, Maître Yann Gallone, l'avocat français de Maximilien et Joséphine, et aussi par Jean-Louis Baert, président de l'association « S'unir pour protéger Maximilien et Joséphine ». Malgré les dangers, une vaste opération a été montée, avec quelque cent vingt gendarmes, pour s'emparer des deux enfants et les livrer en moins de vingt-quatre heures au Canada. Cela reste le plus gros scandale dans mon histoire, car des enfants en sont les victimes.

Les lectrices et les lecteurs de mon premier livre sont horrifiés par le comportement inhumain des autorités judiciaires canadiennes à l'égard de Maximilien et Joséphine et des conditions carcérales que j'ai subies. Tous et toutes me demandent des nouvelles de mes aînés, mais que dire ? Une ordonnance canadienne du 8 mars 2007 refuse d'assigner un avocat à Maximilien et Joséphine. Pis, le Canada interdit à mes enfants de venir me voir en France pour Pâques. Bien maigre consolation, je peux leur téléphoner une fois par semaine pendant vingt minutes. Mais quel supplice d'entendre Joséphine pleurer pendant ces vingt minutes et Maximilien raconter des banalités ! Les sectes sont championnes pour l'aliénation mentale, en voilà un triste exemple.

Le vendredi après-midi, visiteurs, étudiants et lycéens se succèdent à la salle des fêtes de Belleville-sur-Meuse, dans les ateliers organisés par l'association « Secticide ». Lucienne et Michèle de Bouvier de Cachard, fondatrices de cette association, insistent sur le rapport de la commission parlementaire révélant que des dizaines de milliers de mineurs sont actuellement en grand danger, en raison du pouvoir croissant des sectes.

En soirée, je témoigne sur l'emprise de l'Église internationale du Christ sur mes enfants, Maximilien et Joséphine, ainsi que sur la destruction de ma famille par cette secte, en présence d'un auditoire de plus de deux cents personnes où se côtoient des anonymes, des enseignants, des élus, des personnels soignants, des responsables d'associations, des prêtres, des policiers des Renseignements généraux, mais aussi un évêque.

Car à Verdun, l'un des trois évêchés historiques de France, Lucienne et Michèle de Bouvier de Cachard ont toujours pu compter, dans leur combat contre l'Église de scientologie, sur le soutien actif et infaillible de l'Église catholique locale.

Au début des années quatre-vingt-dix, lorsque la fille de Michèle de Bouvier de Cachard a été happée par la secte, elle et sa sœur Lucienne ont tenté de lui porter secours, allant même jusqu'à louer un véhicule d'observation, posté à l'entrée des locaux de la secte à Nancy, pour mieux filmer les allées et venues des adeptes et des victimes. Derrière la caméra, l'abbé Yves Gérard, vicaire général de la cathédrale de Verdun, spécialiste pour le diocèse de la mécanique sectaire. Ce prêtre courageux a alors été arrêté et placé en garde à vue, avec les sœurs de Bouvier de Cachard, par les policiers du SRPJ de Nancy... sous prétexte que l'initiative dérangeait l'Église de scientologie.

Quatorze ans plus tard, autre lieu, autre attitude de l'Église catholique en Ardèche. On m'a rapporté que l'évêque de Viviers, bien que parfaitement au courant de la dangerosité de l'Église internationale du Christ, avait accordé sa caution morale à l'odieux renvoi de mes enfants dans la secte au Canada, avec la complicité du Dr X. qui, je le répète, a pourtant interdiction d'exercer.

À quoi servent les rapports parlementaires recensant les sectes les plus dangereuses en France, puisqu'ils n'ont pas force de loi ? Depuis des années, magistrats, juridictions, policiers et gendarmes s'assoient sur le travail des députés ayant élaboré des recommandations pour lutter contre les sectes et protéger les adultes comme les enfants.

Avec les responsables de « Secticide » et un certain nombre de bénévoles, nous avons compris la nécessité d'aller plus loin et de lutter efficacement contre les sectes en s'attaquant à leurs financements occultes. Le journaliste de *L'Est républicain*, Robert Urbain, en témoigne : « À Verdun, nous avons tous été d'accord pour frapper les sectes là où ça fait mal, au niveau de leurs moyens financiers, grâce aux contrôles des services fiscaux. Le patrimoine accumulé par certaines sectes est énorme, les adeptes sont saignés, les familles de ces derniers sont ruinées avant d'être détruites sans que l'État ne réagisse. »

*
**

Le 20 mars 2007, coup de théâtre. Je décroche mon téléphone vers 9 heures du matin. Ma sœur Claire, paniquée, m'informe qu'elle est en garde à vue et qu'elle me donne la responsabilité de ses enfants au moins pour la journée. Mais que se passe-t-il encore ? J'appelle ma sœur Laetitia pour l'informer. Son fixe ne répond pas et j'essaie son portable. Une voix d'homme me répond. Je demande, intriguée :

– Laetitia, s'il vous plaît !

– Ici, la gendarmerie de Tournon

– Laetitia est aussi en garde à vue ?

– Oui, madame.

J'en reste un instant muette. Où sont ses enfants ? Simon, mon neveu très handicapé, fait des crises d'épilepsie. Le gendarme m'assure que tout est sous contrôle. Sous contrôle ? Mes deux sœurs sont emprisonnées pour je ne sais quel motif et je dois rester calme ? Je téléphone à Francis et aux sœurs de Bouvier de Cachard pour sonner l'alarme. C'est notre première action ensemble et les effets se feront sentir rapidement. Mes sœurs seront libérées en fin de journée grâce à la pression des médias. Elles sont choquées et éprouvées, ayant été arrêtées devant leurs enfants. On les a « cuisinées » pendant des heures, tentant de leur faire « avouer » que Francis battait Maximilien et Joséphine, et que c'est lui qui avait monté un commando pour planquer les enfants en juillet dernier.

En fait, c'est lui qui est visé par les représailles pour ce que nous avons pu dire à Verdun, alors que nous avons simplement exposé les dysfonctionnements des ministères de la Justice et de l'Intérieur. Il est vrai que j'ai été suivie par les Renseignements généraux toute la journée, et qu'une voiture de gendarmerie banalisée est passée sur le parking de la salle des fêtes de Belleville pour relever toutes les plaques d'immatriculation... Comble d'acharnement, le président de l'association « S'unir pour protéger Maximilien et Joséphine » est mis en garde à vue le 21 mars. Lui, colonel, titulaire de la Légion d'honneur, est maintenant fiché au grand banditisme, car les lois prévoient que, dans toute garde à vue, l'interpellé se fasse prendre les empreintes et donne un échantillon d'ADN.

J'ai envie de hurler.

Triste démocratie...

Mais je me ressaisis et je pense à Verdun. Il faut que je me batte pour mes enfants, pour toutes les personnes qui m'ont soutenue, tous les faibles qui ont besoin d'une main secourable, et pour cela il faut que je parle, parle, et parle encore.

*
**

Moins d'un an après mon arrestation, le ministre des Affaires étrangères m'encourage, le 22 mars 2007, à retourner au Canada pour trouver une solution à l'amiable concernant la garde et les visites de Maximilien et Joséphine.

Il m'assure, comme en mars 2006, que je n'encours aucune poursuite de la part des autorités judiciaires canadiennes. On recommence ?

– REMERCIEMENTS –

Merci à Maître Chambon, Maître Cornut, Maître Gallone.

Merci à Francis Gruzelle et sa famille, à la famille Gettliffe-Aguirre, Louis Ripault, Louise Roussel, Laurie Geschke, Lisa Haek, Gérard Légal.

Merci à Olivier Jardé, Pascal Terrasse et Pierre Giraud.

Et merci à tous les lecteurs du premier livre qui m'ont écrit et m'ont soutenue.

– TABLE DES MATIÈRES –

Direction littéraire
Huguette Maure

assistée de
Maggy Noël

Composition PCA
44400 – Rezé

Impression réalisée sur CAMERON par

CPI
Brodard & Taupin

La Flèche

pour le compte des Éditions Michel Lafon
en avril 2007

Imprimé en France
Dépôt légal : mai 2007
N° d'impression : 41603
ISBN : 978-2-7499-0659-1
LAF 978